0秒リーダーシップ

Fast Leadership

ピョートル・フェリークス・グジバチ
Piotr Feliks Grzywacz

「これからの世界」で
圧倒的な成果を上げる仕事術

すばる舎

プロローグ

働き方が変わった

誰もがリーダーシップを
求められる時代

世の中を大きく変えるメガトレンド

世の中の変化のスピードが極端に速くなっています。

「指数関数的変化（exponential change）」と言いますが、あまりに速く、予測不可能な変化が世界中で起こっています。ビジネスの流行は一年どころか数カ月で入れ替わり、せっかく新しいプロダクトを開発しても、数カ月後には似たような競合商品が出てきて、すぐにコモディティ化の圧力にさらされます。

こうした時代と僕たちはどのように向き合っていけばいいのでしょうか。

今後の世界を占うメガトレンドは、たとえば次のようなものが考えられます。

①デジタル化する未来

テクノロジーはさまざまなビジネスに変革をもたらそうとしています。

インターネットは物理的な距離や制約を乗り越え、あらゆる人と企業を結びつけました。情報を透明化し、人間関係を可視化したと同時に、プライバシー問題を引き起こし、サイバーセキュリティの脅威が叫ばれています。人工知能やロボットが発達して、人間の仕事を奪うと心配されています。今後、ＩｏＴ（Internet of Things：モノのインターネット）が普及し、ありとあらゆるデータが収集されるようになると、ビッグデータの分析によって世界は一変するはずです。

競争も激しさを増しています。従来の産業の枠組みが壊され、境界線が溶け出して、あちこちで融合が起きています。スマートフォンが登場して、インターネット、アプリケーション、Ｅコマースの世界がモバイルファーストに移行しました。電話、デジタルカメラ、ビデオがスマホに吸収され、ミュージックプレーヤー、カーナビゲーションシステム、電子辞書、電子書籍端末もスマホで代替されました。

それまで別々の市場で競い合っていたものが、スマホという一つのプラットフォームに飲み込まれ、ユーザーの限られた時間とお金を奪い合っています。この先は、テレビや各種のヘルスメーター、クレジットカードなどが、モバイル端末に取り込まれていくことでしょう。

②相次ぐ破壊的イノベーション

イノベーションの波は、僕たちの生活を根本的に変えていきます。

たとえば、アップルのApp Storeは一〇年前にはありませんでした。それがいまや、世界中でiPhone用のアプリをつくっている人が六七万人いるそうです。それだけの雇用を生み出しているのです。

シリコンバレー生まれの自動車配車サービスUber（ウーバー）は、いまや「世界一のタクシー会社」ですが、タクシーは一台も持っていません。タクシーがつかまらずに困っているユーザーと、自由時間に自分の車を運転してお金を稼ぎたいドライバーをつなげて、まったく新しいビジネスモデルを立ち上げました。フランスでタクシードライバーがデモをするなど、世界各国で参入障壁にぶつかっていますが、既存の業界をディスラプト（破壊）する典型的なイノベーションです。

行く先々で現地の普通の家にも泊まれる宿泊予約サービスAirbnb（エアビーアンドビー）も、部屋数・売上ともに「世界最大のホテル」と言える規模に育っています。自前で宿泊施設を持たず、泊まりたい人と空き部屋をつなげることで、既存のホテル業界に殴り込みをかけました。すでに、リッツカールトンよりも巨大なホテルチェーンなのです。

フェイスブックは「世界最大のメディアカンパニー」ですが、コンテンツをつくっているのは、ユーザーです。CGM（Consumer Generated Media）はユーザーの書き込みによって、データ量もアクセス数も爆発的に増加します。自前で記事を用意しなくても、広告価値がどんどん上がっていくところが、既存のメディアとは根本的に違っています。

自動化によって、人間の仕事がどんどん失われていくと言われています。オックスフォード大学の研究では、一〇～二〇年後に現在の仕事の四七％が自動化されると予測されています。営業の仕事、流通の仕事、専門職。自分の仕事が自動化されたら、どうすればいいか。僕たちは考えておかなければいけません。

③ベンチャーブームの広がり

破壊的イノベーションは、従来の枠組みの外側から突然やってきます。少数の大企業がマーケットシェアを分け合う成熟市場は、思ってもみないところから現れたベンチャーに蹂躙され、あっという間に破壊され尽くします。

そうした動きを牽引するのは、起業家です。大企業の中でも、イノベーションを生み出

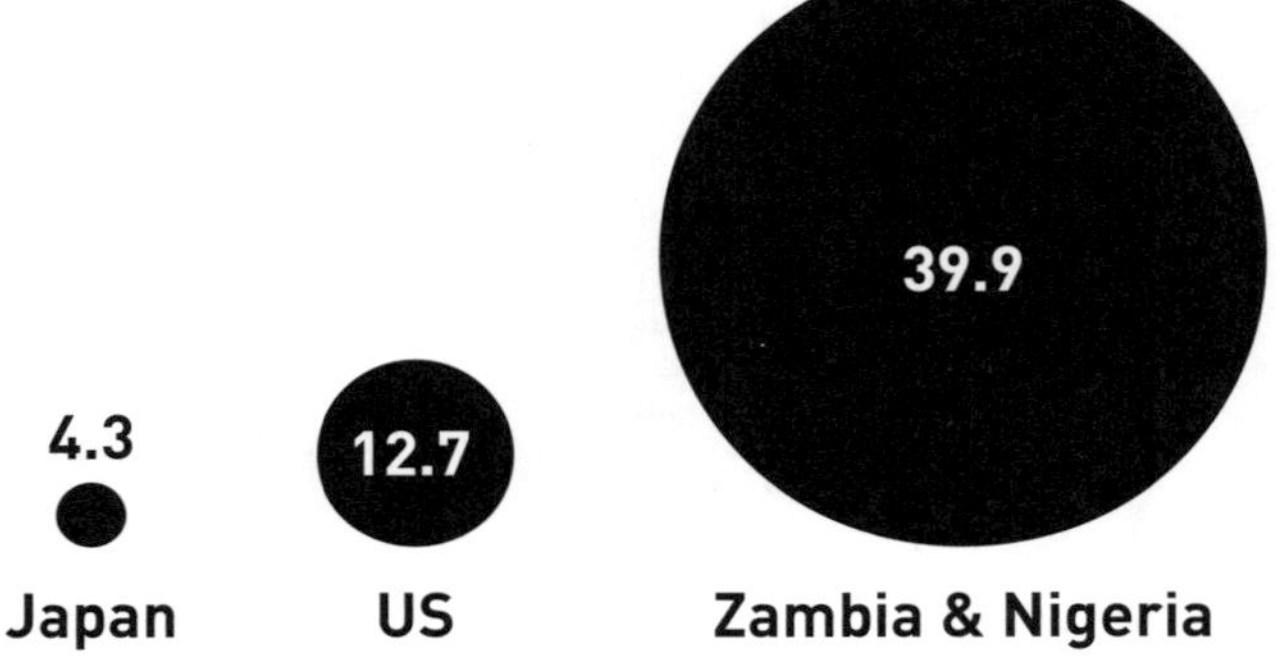

［各国の起業稼働率］　（「平成25年度起業家精神に関する調査GEMより」　一般財団法人ベンチャーエンタープライズセンター）
アフリカなどの発展途上国の起業活動が活発。日本は調査67カ国中、下から2番目

すのは、既存事業とは距離を置いた社内ベンチャーが多く、そのチームを率いるのは、社内起業家とでも言うべき、アントレプレナーシップに満ちた人たちです。

最近の起業家はどんどん若年化しています。世界の起業家の五割は、二五歳から四四歳と言われます。また、女性起業家も増加しています。各国で法人税の減税や規制が緩和され、起業しやすい環境が整いつつあることも、起業ブームを後押ししています。

シリコンバレーは長らく起業ブームを牽引し、数多くのイノベーションを生み出してきましたが、その流れはイスラエル、中国、インドなどにも波及して、世界的なベンチャーが何社も誕生しました。そして、なんと、いま起業家が最も活躍しているのは、アフリカ諸国や南米です。先進国以外のさまざまな国で、空前のベンチャーブームが起きています。

ベンチャーの恩恵が発展途上国に及ぶにつれて、社会問題に対する解決策を軸にビジネスを展開するベンチャーも増えてきています。

たとえば、Lenddo（レンド）は、フェイスブックをはじめとしたＳＮＳの友人情報に基づいて、ユーザーの信用度を審査するファイナンスサービスです。発展途上国や新興国では、返済能力があるにもかかわらず、取引実績がないため融資を受けられない中産階級の人々がたくさんいます。その人たちの信用枠を拡大する方法として「ソーシャル信用度」という新しい尺度を取り入れ、必要な資金が調達できるようにしたのです。Lenddoは社会問題を切り口として、既存のＩＴサービスを活用し、新しいファイナンスサービスを立ち上げた、まさに典型的な事例です。

④マーケットのグローバル化

世界経済はグローバル化によって、ますます相互依存関係を深めています。ＢＲＩＣsが台頭し、中国が超大国の仲間入りをしたと思ったら、いまはアフリカに世界中の投資家の目が向き始めています。停滞する先進国は、成長著しい新興国に投資して、その成長の果実を取り込もうと躍起です。

中国の大企業は二〇〇〇年の一八社から二〇一四年には九五社まで急激に増えましたが、その間アメリカの大企業は一七九社から一二八社に減りました。インドやブラジルは増加傾向に、ドイツやイギリスは減少傾向にあります。こうした変化は、企業の戦略に大いに影響を与えるはずです。

ＥＵ統合でヨーロッパに巨大市場が誕生し、二国間、多国間のＦＴＡ（自由貿易協定）締結の動きが広がって自由貿易圏が拡大する一方、グローバル化に抗おうという動きも活発化しています。産業構造や職業構造が急速に変化しているからです。アメリカのハイテク企業を中心に、国境を越えた人材の争奪戦が加熱する一方、移民を排斥して自分たちの雇用を守ろうとする人たちの政治行動が欧米で目立ってきています。イギリスのＥＵ離脱問題にも見られるように、ナショナリズムに訴える保守派の台頭は、先進国に共通の現象です。

⑤都市化の進展とエネルギー・環境問題

経済発展が著しい新興国では、増加する労働需要をまかなうために、農村部から都市部へ人口が移動し、都市化が急激に進展しています。

国連によると、現在、世界人口七三億人の五四％は都市に住んでいますが、二〇三〇年には世界人口八五億人の六〇％が都市に住むと予測されています。各都市の経済力も、欧米先進国からアジアの新興国にシフトしてきて、中国やインドなどの巨大な人口を抱えた都市が相対的に大きな力を持つようになります。

しかし、都市人口が増えても、住宅、交通、医療、教育、福祉などの整備が追いつかないと、スラム化が進んだり、貧困問題が加熱したりするおそれがあります。食料事情も悪化するかもしれません。

人口の都市への集中はエネルギー需要の増加を引き起こし、二〇一五年から二〇三〇年まで年率一・七％の割合で増え続け、およそ三〇％増えると予測されています。技術革新によって石油資源に替わる再生可能エネルギーの利用は増加するはずですが、すべてをまかなうのは難しいでしょう。

水資源の枯渇も深刻で、二〇三〇年に水需要は四〇％増えるとされていますが、利用できる水の量は限られています。また、地球温暖化ガスの八〇％は都市から排出されていて、毎年一〇〇〇億ドル規模の環境対策費が費やされることになります。

「対岸の火事」では済まされない

①デジタル化、②破壊的イノベーション、③ベンチャーブーム、④グローバル化、⑤都市化、という五つのメガトレンドは、世界中のあらゆる国々を巻き込んで、いままさに進行中です。ところが、日本人はともすると、こうした変化を「対岸の火事」とみなして、自分のこととは考えない傾向があるようです。

「シリコンバレーの話だから関係ない」「うちは外資系じゃないから関係ない」「ベンチャーじゃないから関係ない」と思っているみなさんにこそ僕は聞きたいのです。あなたは本当にこうした変化と無関係でいられますか、と。

「待ったなし」の変化が訪れている

①デジタル化の波は、僕たちの生活を根本から変えました。いまやスマホのない世界、ネットのない世界なんて想像もできません。

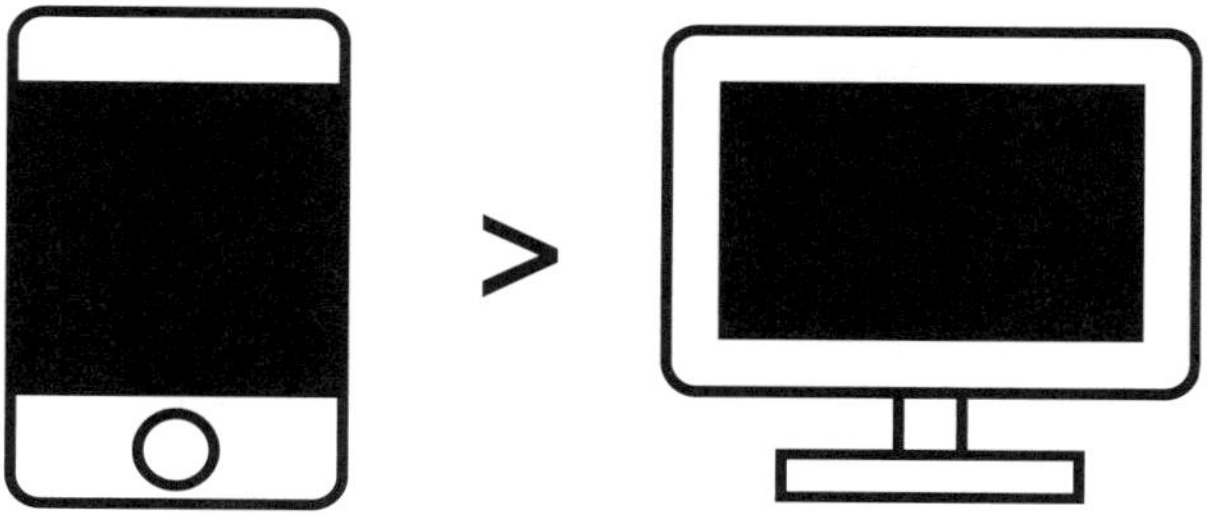

［モバイルファーストの時代］
SNS、ビデオ、Eコマース…スマホの利用時間がPCの利用時間を超える国は48カ国にのぼる

②破壊的イノベーションの影響は日本にも押し寄せています。アメリカ発の「黒船」が次々と日本市場に参入し、既存の業界を破壊しているのは、みなさんもご存知の通りです。

日本では後発のツイッターやフェイスブックがミクシィに取って代わり、Ｅコマースのアマゾンは、日本の小売・流通業に対する影響力を増しています。テレビ業界には、ネットフリックスが殴り込みをかけてきました。

日本人は次の「黒船」をいまかいまかと待っているだけでいいのでしょうか。

日本でも③ベンチャー成長の活力を取り込もうと、起業家を育成しようという試みが、これまで何度も行われてきました。クラウドファンディングなどの資金調達環境が整備され、会社設立の手続きも簡略になって、いまの日本は何度目かのベンチャーブームの真っ只中です。

日本国内が「グローバル化」

④グローバル化はかつて「国際化」という言葉で言い表されていました。当時「国際化」と言えば、日本を出て海外に行って働くこと。しかし、国境を超えて地球が一つになる「グローバル化」の時代には、わざわざ海外に出て行かなくても、日本にいながらにして外国の存在を感じることができます。みなさんが住んでいる日本、ここがすでに「世界」なのです。

スマホもよく使うアプリもSNSも外国製で、イケアの北欧家具、ZARAやH&Mなどのファストファッション、ダイソンやルンバの掃除機など、身の回りには外国製品があふれています。ニセコのスキー場はオーストラリア人観光客であふれ、中国人観光客らの爆買いで観光地は潤っています。

ビジネスの現場も様変わりしつつあります。たとえば、シリコンバレーにある一〇億ドル規模の会社のファウンダーは、「シリコンバレーはもう機会がない、高すぎて意味がない」と言います。そんな彼は「これからは日本がチャンス」とばかり、日本に引っ越してきて会社を立ち上げました。もはや、海外に行かなくても、日本そのものがグローバルになりつつあるのです。

アジアの中の日本の相対的地位

⑤都市化についても、日本は課題先進国で、東京一極集中と地方の過疎化の問題がクローズアップされています。その一方、東京はグローバルな都市間競争に巻き込まれ、東アジアにおける相対的な地位を落としています。

日本が世界第二位の経済大国だった時代は、多国籍企業のアジアの拠点といえば東京が当たり前でしたが、いまや東京はシンガポール、上海、香港などに先を越され、二番手、三番手のポジションとみなされがちです。

日本がデフレで長期停滞していた間に、アジア各国は急成長し、日本の生活水準はすでに先進国よりもタイやインドネシアに近いと言われています。かつての「金持ちニッポン」のイメージで自分たちを見ていると、時代に取り残されてしまうかもしれません。

日本はまだ本気を出していない

シリコンバレーの中心地、スタンフォード大学の留学生を見ると、以前は日本人の姿が目立っていましたが、いまは中国人、韓国人、インド人が人数で圧倒しています。アジアの金融センター・シンガポールを筆頭に、ヴェトナム、タイ、インドネシアなど、東南アジアでは力強い成長を続ける国がいくつもあります。

それに比べて、日本はかつての輝きを失ったように見えます。成長するアジアと停滞する日本。日本はこのまま衰退するだけなのでしょうか。僕はそうは思いません。日本にはまだまだすごいポテンシャルがある。日本に来て今年一六年になる僕は、心からそう信じています。

僕はまさにグローバル化の真っ只中を生きています。ポーランドで生まれ育ち、ドイツ、オランダ、アメリカで暮らした後、来日。ベルリッツ、モルガン・スタンレー、グーグルなどで、人材開発をメインに仕事をしてきました。現在は独立して二社を経営し、国際色豊かな仲間と、国内外の人や組織のコンサルティングを行なっています。

長年、世界屈指のグローバル企業で評価される人材を目の当たりにしてきた僕が、まずみなさんにお伝えしたいことは、日本のビジネスパーソンはまったく世界にひけを取らず優秀だということです。仕事の質、効率、正確さ、スピードに加え、働く姿勢も誠実です。あらゆる仕事が性善説で回り、職場は安心して働ける平和な安全地帯です。

たとえば、多国籍チームでの仕事で、日本人は「できる」と言ったことは必ずできるし、たとえ「できません」と言っても任せてみるとちゃんとできることが多いです。仮に苦戦したとしても、何とか頑張って最後までやり遂げてくれます。

通常は、洋の東西を問わず、逆のことが多い。そういう意味でも、日本人は世界的に見ても安心して働けるビジネスパートナーなのです。

ただし残念ながら、そんな日本人にも一つ、足りないなと思うものがあります。これからの時代、グローバル標準で仕事をしていくためには、もちろん語学力も必要なのですが、それ以前にもっと大切なことがあるように思います。

それが、自ら手を挙げて動き出すための力、「リーダーシップ」です。

全員がリーダーシップを発揮する

世の中の変化に後押しされて、僕たちの働き方も変わってきています。たとえば前述の、④グローバル化の進展で、同じ職場で外国人と働くケースはこれからも増えるでしょうし、日本にいながら海外のクライアントと仕事をするケースも増えていきます。異なる文化的背景を持つ人たちとの仕事で成果を生むには、どのような働き方が求められるでしょうか。

大企業とは異なる③ベンチャー特有の文化とは、どんな文化でしょうか。柔軟で機動力あふれる組織では、どのような働き方が望ましいのでしょうか。

②イノベーションを生み出すチームとはどのようなチームでしょうか。どんなトレーニングを積めば、イノベーティブな発想を身につけられるのでしょうか。

テクノロジーの動向を無視して現代のビジネスは成り立ちません。①デジタル化とどのように付き合っていけばいいのでしょうか。

⑤都市化の進展で、さまざまな社会問題が噴出してきています。それにどのように対応していけばいいのでしょうか。

変化の中で優位をキープするには？

こうした問いに対する一つの答えが、チームのメンバー一人ひとりがリーダーシップを発揮することだと僕は考えています。全員がリーダーシップを発揮する組織、誰でもリーダーシップがとれる環境が、変化の激しい時代に求められる組織のあり方なのです。

変化とは決してマイナス面だけではありません。破壊されるものがある一方、新しいものも生み出されるからです。変化は大きなチャンスでもあります。それを実現するために必要なのが、組織全員が発揮するリーダーシップです。

もちろん、これまでの企業にもリーダーシップは存在しました。日本の大企業も、そうです。優れたトップが組織全体を引っ張ることで時代の変化に対応し、多くの成功を収めてきました。しかし、いまの急激な変化の時代、それでは不十分なのです。

グーグルは、検索エンジンの事業からスタートした企業です。ところが、いまや自動運転車をはじめ、医療、健康、ロボットなど、大きく事業範囲を広げています。つねに世の

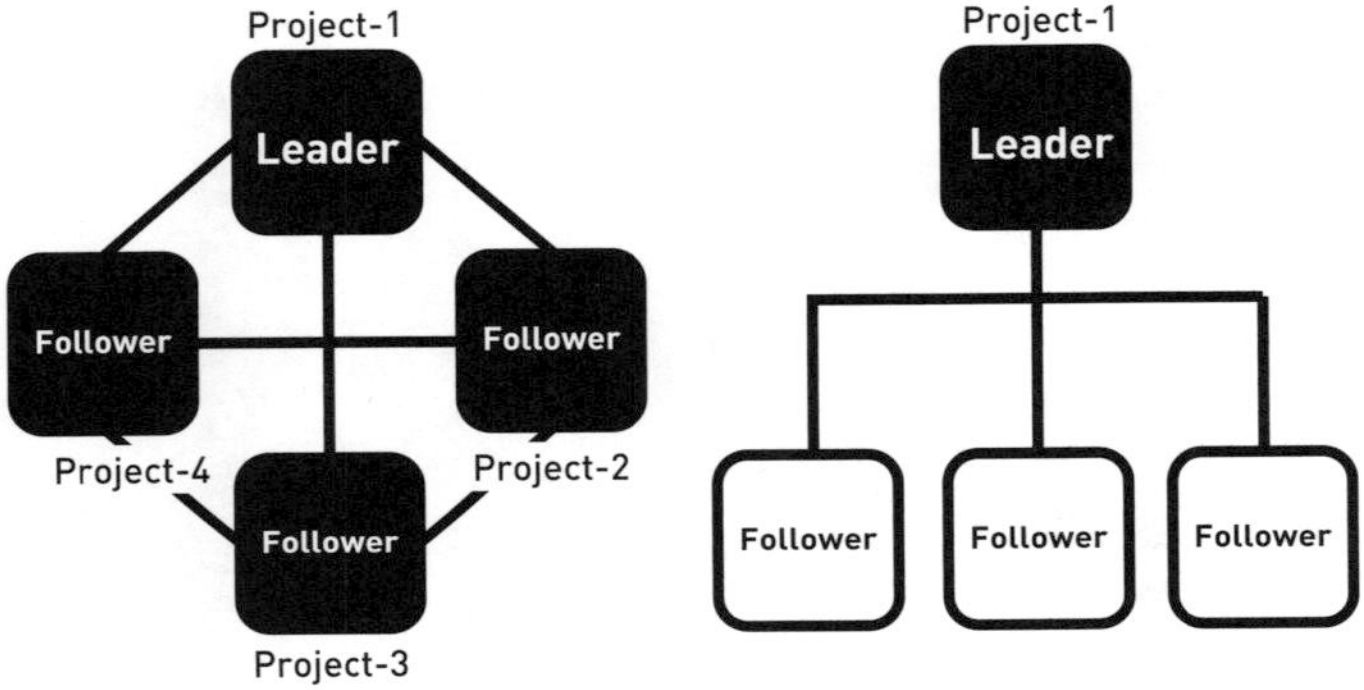

［組織やチームの人員構成］
左のように、全員がリーダーシップを発揮して動くことで、急速な変化と成長が可能になる

中の変化の先を読み、自ら変化をつくり出すことが基本戦略となっているのです。変化が起こってから対応するのでは間に合いません。変化に追いつかれないように、つねに自ら変化し続けることで、これからの時代も優位性を保とうとしているのです。

社内では、日々同時多発的に新しいアイデアが生み出されています。そのため誰か一人のリーダーの指示を待つ、という仕組みでは成り立ちません。

グーグルでは、社員の一人ひとりが責任をもって新しいチャレンジをすることがカルチャーとなっているのです。そのため、組織全員がリーダーシップを取ることが欠かせない条件となっています。

0秒で未来に向けて動き出す

そもそもリーダーシップとは何でしょうか。

英語のリーダー（leader）には「先頭に立つ人」「先導者」という意味があります。戦場で旗を持って先頭に立つ人は、真っ先に敵陣に突っ込む人でもあります。それだけ亡くなる可能性が高い危険なポジションです。

幸いにして、僕たちは戦場にはいませんから、リーダーシップを発揮しても、命を危険にさらすわけではありません。しかし、みんなの先頭に立って何かを始めれば、それだけ批判の矢面に立つ可能性は高くなります。もちろん失敗することもあるでしょう。

それでもあえて率先してやってみる。それによって、人を動かし、チームを動かし、成果を生み出し、目標を達成する。そうです、リーダーシップとは、リスクを取って新しく何かを始めることを意味します。たとえば、次のようなことです。

- 新しいプロジェクトを始めること
- 新しいチームをつくること

・知らない人に声をかけること
・隣の部署が何をしているか聞いてみること
・未知のジャンルに取り組むこと
・新しい仕事のやり方を提案すること
・「私がやります」と手を挙げること
・みんなとは違う意見を口にすること
・あえて空気を壊す発言をすること
・新規事業を立ち上げること
・イノベーションを起こして世の中を変えること

これらはすべてリーダーシップの範囲です。つまり、リーダーシップとは、従来の自分の枠を超えて、新たな一歩を踏み出すことです。

グローバル企業で活躍する人たちは、若い頃からこういう姿勢や働き方がごく自然に身についています。必要とあらば一瞬で、リーダーシップを発揮できるのです。自身の成長と組織への貢献の意識が高く、チャレンジ精神も旺盛。このためリーダーシップは、グローバル企業の人事評価において、欠かせない評価基準になっています。

自分の肩書や仕事の大きさに関係なく、成果を目指して率先して動く姿勢がリーダーシップです。しかし、日本では肩書としてのリーダーだけがリーダーシップを発揮すべきと誤解されがちで、これはとても残念なことだと僕は思っています。

世界がこれだけ激変しているのに、自分たちが何も変わらなければ、チャンスを逃すどころか、どんどん時代に取り残されてしまいます。もはや、状況は待ったなしです。いまこそ、まさに「0秒」で、個人がリーダーシップを発揮して動き出すべきときなのです。

自分の仕事や会社はおろか、業界全体が一瞬で破壊されてしまうかもしれない「これからの世界」で、生き抜く準備はできているでしょうか？　そのためにも、僕たちはいまの自分の働き方、マインドやスキルについて、見直してみる必要があるのです。

本書の構成

新しい働き方を提案する本書は、次のような構成になっています。

第1章のテーマは、そのものずばり「リーダーシップ」です。これからの時代、リーダーシップは組織の「長」や「リーダー」だけが発揮するものではなく、誰もが瞬時に揮すべきものです。年齢、肩書、性別、国籍は関係なく、どんなときに、どんなふうにリーダーシップを発揮していくべきかについて述べています。

第2章以降は、現代のリーダーに求められる能力やスキル、マインドについて一つひとつ紐解いていきます。実際にリーダーシップを発揮するための大きな後押しになります。

第2章のテーマは「イノベーティブシンキング」。さまざまなものを組み合わせて新たな価値を生み出し、ビジネスの種となるイノベーションをいかに引き起こすかを考えます。

第3章は「プロトタイプシンキング」。ビジネスのスピードを高めるために、目に見えるモノ（プロトタイプ）を先につくってしまうことの重要性を説いています。

第4章は「デジタルリーダーシップ」です。変化の激しい時代の舵取りには、トレンドを見極める「目利き」が不可欠です。テクノロジーと友達になる方法を紹介します。

第5章のテーマは「ラーニングアジリティ」です。新しいことを貪欲に学び、学んだことをすぐに使いこなせなければ、変化の激しい時代を生き残ることはできません。何からでも学ぶ態度は、個人の成長をも促します。

第6章は「コミュニティリーダーシップ」。デジタル時代のコミュニティづくり、会社や組織のチームづくりのポイント、そして会社の外へ視界を広げるヒントを紹介します。

第7章は「コンプレクシティリーダーシップ」です。僕たちが直面する課題の多くは、シンプルな解法では解けない複雑な問題です。視点を変え、立場を乗り越え、解決困難な課題に取り組む方法を紹介します。

第8章は「エモーショナルインテリジェンス」です。リーダーが安定したパフォーマンスを発揮するには、揺れ動く感情を上手にコントロールする技術が不可欠です。相手とより深い人間関係を築く方法も紹介します。

第9章は「マインドフルリーダーシップ」です。集中力を高め、直感を働かせるための瞑想法を紹介します。いまこの瞬間をしっかり生きることで、自身のポテンシャルが最大限に発揮できるようになります。

最後の第10章は「リーダーシッププレゼンス」です。論理的な話し方やストーリーづくり、立ち居振る舞いなど、リーダーの影響力や存在感について考えます。

本書の内容を実践すれば、みなさんは世界中のどこに行っても、どんな会社に就職・転職しても通用する人材になるはずです。

なお本書は、個人としての成長だけでなく、組織改革も視野に入れています。みなさんがリーダーシップを発揮して組織変革に取り組めば、伝統的な日本企業でも、外資系企業やベンチャーのような、風通しのよい職場環境が得られるはずです。

みなさんがいますぐリーダーシップを発揮して、生き生きした働き方、そしてワクワクできる未来を手に入れることを、心から祈っています。

ピョートル・フェリークス・グジバチ

二〇一六年七月

0秒リーダーシップ　目次

働き方が変わった
——誰もがリーダーシップを求められる時代

だれでもリーダーシップ
――リスクを取って一歩踏み出す

第2章

イノベーティブシンキング

――まったく新しい価値をつくる

プロトタイプシンキング

――ビジネスのスピードを上げる

第4章

デジタルリーダーシップ

――テクノロジーを味方につける

第5章

ラーニングアジリティ
——あらゆることから学んで使う

第6章

コミュニティリーダーシップ
——人と人をどんどんつなげる

第8章

エモーショナルインテリジェンス

——感情をコントロールする

第9章

マインドフルリーダーシップ

――集中力と直感力を磨く

第10章

リーダーシッププレゼンス
——影響力を発揮するために

編集協力　田中幸宏
装丁　小口翔平(tobufune)
本文デザイン　岩永香穂(tobufune)

第1章

だれでもリーダーシップ

リスクを取って一歩踏み出す

リーダーシップは肩書ではない

リーダーシップとは何でしょうか。リーダーに求められる能力？　資質？　必要なスキルセット？　半分は合っていますが、半分は間違っています。

リーダーシップはトレーニングによって鍛えることができる能力であり心構え《マインドセット》です。伸ばそうと思えば伸ばすことができるという意味で、生得的な資質とは違います。その気になれば、誰でもリーダーシップを身につけることができます。

もっと大きな間違いは、リーダーシップを発揮するのはリーダーだという暗黙の前提です。部長、課長、マネジャー、プロジェクトリーダー、チームリーダーなど、世の中にはさまざまな「長」や「リーダー」がいますが、その人たちが全員リーダーシップを発揮しているわけでもなければ、「長」や「リーダー」以外の人たちの中でリーダーシップを発揮している人もたくさんいます。

どんな立場の人でも発揮できる力

リーダーシップは、組織のトップやチームリーダーに固有の能力ではなく、メンバー全員が持つべき能力です。それぞれの立場でリーダーシップを発揮することで、機動的で柔軟な組織になります。

リーダーシップは、肩書や立場とセットではありません。自分は新入社員だから、メンバーの中でいちばん下っ端だから、自分には部下がいないからリーダーシップは関係ないという人にこそ、本書を読んでほしいと思います。

リーダーシップは、持って生まれた性格でもなければ、その人を特徴づける個性でもなく、選択の問題です。発揮するか発揮しないか、取るか取らないかは、その人自身が決めることです。

リーダーシップを別の言葉に置き換えると「影響力の行使」です。たとえば、会議中に誰かの発言によって議論の流れが変わり、建設的な意見が出るようになったら、その発言をした人はリーダーシップを発揮したと言えます。

会議を仕切るのは進行役のファシリテーターとは限りません。議論がうまくまとまらないときに、「ちょっと違う角度から見てみましょうか」「このミーティングの目的は○○ですよね」と言葉を挟んで、議論を正しい方向に導くのも、立派なリーダーシップです。会議に参加しているメンバーなら、誰でもリーダーシップを発揮するチャンスがあります。

自分が何気なくとっているはずの行動も、その場にいる人たちには必ず何らかの影響を与えています。自分の行動の結果、どんな影響が出るかをあらかじめ予測して、その行動をとるべきかとらざるべきかを選択して行使するのがリーダーシップです。

プラスアルファの変化をもたらす

とはいえ、リーダーシップは周囲に影響を与えて現状を変えようとする行動なので、場合によっては、周囲の人たちに快く思われない可能性があります。リーダーシップを取ることと、リスクを取ることは表裏一体の関係なのです。

たとえば、下っ端の自分が上司に対して「こうしたほうがいい」と主張することで、もしかしたら上司に嫌われてしまうかもしれない。それでもし失敗したら、評価だって下がるかもしれない。

しかし、リスクを恐れているだけでは、現状は何も変わりません。よくない部分を指摘して、建設的な変化に踏み出すことは、リーダーシップの大事なポイントの一つです。

その意味で、上司に言われた通りにやるだけでは、リーダーシップを取ったことにはなりません。そこに自分なりの何かを加える、自分の意思でそこに何かをプラスするのが、部下の立場で取り得るリーダーシップです。

上司の側も、前例がこうだからその通りにやるというだけでは、リーダーシップを取ったことになりません。現状にプラスアルファの変化をもたらすのがリーダーシップの基本です。

リスクを取って一歩踏み出す勇気

自分は新入社員だからリーダーシップは関係ない、数年後に昇進したときにリーダーシップ研修を受ければいいと思っている人がいたら、ぜひ考えをあらためてほしいと思います。繰り返しますが、リーダーシップは誰でも、どんな立場の人でも発揮できるし、日常のあらゆる場面で必要となります。

新しいことにチャレンジしよう、苦手な分野に取り組もう、思い切って自分の意見を言ってみよう、上司と直談判してみようというとき、リスクを取って最初の一歩を踏み出す勇気。それこそがリーダーシップにほかなりません。

「失敗したらどうしよう」という恐れ、「新米の自分がこんなことを言ってもいいのかな」という遠慮、「自分は反対だけれども、みんながこの意見に賛成しているから、黙って従っておこう」という無責任な態度は、リーダーシップの大敵です。

日本人はともすると、黙っていること、波風を立てないことを美徳と考えがちですが、自分が感じたこと、思ったことを率直に口にするところから、リーダーシップが始まると言っても過言ではありません。

むしろいまの時代は、黙っていること、つまり、リスクを恐れて動かないことのほうがよほどリスクです。自分の仕事のやり方がいつまで通用するかわかりません。それどころか部署や会社、仕事自体が丸ごとなくなってしまう可能性もあるのです。自分から手を挙げて、どんどん動く働き方をしていないと、成長の機会が失われ、働く場所さえなくなってしまいます。

個人だけでなく、企業も同様です。たとえば破壊的イノベーションで、自分たちのビジネスが危機的な状況に陥ったとき、僕たちはいったいどんな姿勢で臨むべきなのでしょう。

僕はよく英語で、「Leadership is mobilizing people to tackle tough problems.（リーダーシッ

プとは、難問に取り組むために人々を動かしていくこと）」という定義を用います。組織やチームのために必要だと思ったら、反発や批判を恐れず、誰もが手を挙げ、まわりのみんなを動かしていく。そんな風通しのいい空気を、組織はつくっていかなくてはならないのです。

圧倒的な成果を生み出すために

グーグルでは同じことを繰り返すだけでは評価の対象になりません。現状維持は安定した状態ではなく、まったく成長していない結果とみなされます。

四半期ごとに、前四半期を超える、上司の期待を超える、決めた目標以上のことを達成することが期待されています。「10X《テンエックス》（一〇倍）」の成長や、「ムーンショット（Moonshot：月へ行くこと）」が普通と思われている企業なので、生半可な覚悟ではつとまりません。上下や部署を越えた議論や連携、協働も非常に活発です。

それだけ期待値が高いので、自らの範囲を飛び越えて、どんどんステップアップしていくことは当然だと考えられています。

ここからここまでが自分の業務範囲だから、それを飛び越えてはいけないと杓子定規に考える人がいますが、新しい仕事はつねに「範囲外」だから、自分の殻に閉じこもっているだけでは、いつまで経っても飛躍的な「伸び」は実現できません。

そのため、誰に命令されるでもなく、自ら率先してあらゆる境界を踏み越えていく強いリーダーシップが求められているのです。

二〇%ルールは強烈なハングリーさに支えられている

グーグルのような「出る杭を伸ばす」文化がないから、自分の会社ではそんなことはできないという人がいますが、会社のルールでがんじがらめになりながらも、上手に周囲を説得しながら、新規事業を立ち上げた人は日本企業にもたくさんいます。

たとえば、プレイステーションの生みの親、久夛良木健《くたらぎけん》さんもその一人。家電メーカーだった当時のソニーにあって、ゲーム業界への参入は未知の領域でした。

久夛良木さんはゲーム機の開発を上司に掛け合いますが、それは君の仕事ではないから、と一蹴されます。そこで、勤務時間内は通常業務を続け、時間外にゲーム機の開発に取り組みます。上司の理解が得られなかったので、上司を飛び越え、最終的には社長に「こういうものをつくってみました。ビジネスチャンスがあります」と直訴したそうです。

本気でやろうと思ったら、やり方はいくらでもあるということです。

グーグルには、勤務時間のうちの二割の時間を使って本業以外のプロジェクトに取り組んでいいという、有名な「二〇％ルール」があります。

「時間内に自分の好きなことに取り組めていいですね」とうらやましがられることが多いのですが、グーグルは八〇％の時間で一三〇％くらいの成果を求められる猛スピードの会社だから、実は、全然余裕はありません。本業で一三〇％の成果を求められ、それに加えて二〇％分の新しい取り組みをしなければいけないということで、非常にハードな環境なのです。

とはいえ、その二〇％は、「会社からやらされている仕事」ではありません。「自分がやりたいからやる仕事」です。熾烈な競争が繰り広げられる会社の中で、少しでも上に行きたければ、自分で成果を出すしかない。そういうハングリーさに支えられた仕組みだからこそ、厳しい競争を勝ち抜くだけの独創的なアイデアが生まれるのです。

人に影響を与え、自分の幅を広げる

リーダーシップとは、ビジネスシーンに限らず、人生のあらゆる場面でも求められる能力です。リーダーシップを身につければ、よりよい人生、よりよい生活を手に入れることができると僕は考えています。

リスクを取って一歩踏み出すことで、周囲の人との関係性が変わります。それによって、よりよい人間関係を築こう、チームをもっとよくしよう、ゴールに向かって前進しようというのが、リーダーシップの目的です。

日々の何気ない会話から、組織の重大な意思決定まで、発揮するリーダーシップの大きさは状況によってさまざまですが、基本のマインドはすべて同じです。周囲にリーダーシップを発揮していくためには、次の三つの側面があると僕は考えています。

リーダーシップ三つの基本

①優しさ

一つは「優しさ」です。英語の「ナイス（nice）」と「カインド（kind）」は、どちらも「優しさ」を表しますが、意味するところは違います。

いつもニコニコ笑って人当たりがいいのは、「ナイス」な人です。しかし、ニコニコ笑っているだけで、もしかしたら、僕が目の前でコーヒーを何十杯飲んでいても、何も言わないかもしれません。「ナイス」な人は「いい人」かもしれませんが、「当たり障りのない人」「どうでもいい人」でもあります。

一方、「カインド」な人は、僕がコーヒーを飲みすぎていたら、「ピョートルさん、コーヒー飲みすぎじゃない？」と言ってくれます。見て見ぬフリをするのではなく、相手のことをよく見て、相手のためになることをアドバイスする。「カインド」な人は相手のためを思って行動する「親切な人」です。

リーダーシップの「優しさ」は、「ナイス」ではなく、「カインド」の「優しさ」です。親は子どもに優しく接する。店員さんはお客さんに優しく接する。恋人同士、友達同士でも優しく接する。「優しさ」は相手との信頼関係を築く最初のステップです。

②厳しさ

二つ目は「厳しさ」です。優しいだけでは人間関係は築けません。どうしても甘えが出てしまう。だから、ときには厳しい態度で接する必要があります。

入社当時は懸命に働いていたのに、慣れてくると急に「私、いまの仕事嫌なんです」「転職しようかなと思ってまして」などと口にする人もいます。そういうとき僕は、「そう、じゃあ辞めれば？」と冷たく言って突き放します。すると、たいていの人は、「何も私、そんなつもりじゃないんですよ」と否定して、当初の緊張感を取り戻してくれます。

幼い頃から優秀で、親からもあまり叱られず、褒められ励まされて育ってきた人の中には、何をやっても許されると勘違いしているような人もいます。

放っておくとエスカレートして、何かデタラメなことをしでかすかもしれません。たとえ小さなことでも、組織やチームにとってマイナスなことをしていたら、「それは間違っている」と指摘する厳しさも大事です。

一緒に働くチームみんなのためにも、リスクを取って正しいことを言う、正しいことを指摘する必要があるのです。といっても、相手の言動をただ否定するのではなく、建設的な結果を生むためのフィードバックです。要するに、仕事において、甘えは許さないということです。

③茶目っ気

三つ目は「茶目っ気」です。ちょっとした笑いを生むような、遊び心のことです。

相手のことを真面目に考えて「優しく」接することも、ときに「厳しく」接することも必要ですが、それだけでは堅苦しく単調な関係になりがちです。ジョークの一つでも言って、相手の心をほぐすことで、クリエイティビティを引き出すのです。

人は誰でも、難しい問題に直面すると、煮詰まりがちになります。そういうときこそ、あまり真剣になりすぎずに、いま見ている視点からいったん離れて、いろいろな視点から物事を見直すことが必要になります。

しかめ面をしていても、発想は広がらないし、いいアイデアも浮かんできません。僕も、一人でPCに向かっているときは、真剣な表情で仕事に没頭しますが、打ち合わせや、会議、面談や研修など、誰かと一緒にいるときは、つねに遊び心を忘れません。いい人間関係をつくるためにも大切ですが、それ以上に、いい仕事をするために必要なことなのです。

これらは対個人だけでなく対チームでも同じです。どれか一つに偏るのではなく、三つをケース・バイ・ケースで使い分けていくことがポイントです。そうして周囲と接していけば、どんどんリーダーシップを発揮していけるようになります。

若手グーグル社員のリーダーシップ

リーダーシップは言葉だけで発揮されるのではありません。一つ、僕の大好きな若い人の事例を紹介しましょう。

グーグルでは、日本の大企業向けの営業部が毎週月曜日に朝会を開いていました。一二〇〇人くらいの大所帯ですが、電通・博報堂・リクルート出身の人がたくさんいて、一般的な日本企業と比べるとかなり元気な人たちの集まりです。ところが、グーグル日本法人前社長の有馬誠さんがスピーチで少し厳しいことを言うと、シーンとなってしまう。そんななか、毎回必ずいちばん前の席に陣取るSさんという新入社員がいました。ほかの社員が後ろのほうでパソコンを開いてメールをチェックしたりしていても、彼はスピーカーの真ん前の席で熱心に耳を傾けています。

スピーチを終えた有馬さんが「何か質問はありますか？」と聞くと、彼はいつも真っ先に手を挙げて「はい、質問です」。根が真面目な彼が、ときに鋭い、ときにおもしろおかしい質問を投げかけることで、シーンとした会場に笑いのさざなみが起きたことも一度や二度ではありません。有馬さんもそんな彼の質問に真摯に耳を傾け、いつも丁寧に答えていました。

次の年、おもしろいことが起きました。一年先輩になった彼は相変わらずいちばん前の席に座っていましたが、そのまわりを新入社員たちが埋め、全員が「はい」「はい」と手を挙げて競うように質問をするようになったのです。

「ああしなさい」「こうしなさい」と口で指示するだけがリーダーシップではありません。自分の行動でロールモデルをつくる。毎回空気を壊して質問し続ける彼の姿に共感した新入社員たちがそれを真似る。信念を持ってやり続ければ、後からフォロワーがついてくる。これも立派なリーダーシップの形です。

リーダーシップは日々の小さなことの積み重ね

とはいえ、何事も関わる人の数が多くなるほど、決断する人にかかるプレッシャーは大きくなり、リスクもそれだけ大きくなっていきます。そういう大事な局面でも臆せずリーダーシップを取っていくためには、普段からトレーニングしておく必要があるのです。

たとえば、長時間にわたるミーティングで、「ちょっと休憩入れませんか？」と提案する。飲み会の席で「ちょっと飲みすぎじゃない？」「明日に響くからこれくらいにしておいたら？」と声をかける。ほんのささいな気遣いですが、これも、よくない部分を指摘して、建設的な結果をもたらすリーダーシップの一つです。

日常のどんな瞬間でも、ちょっとしたことで「こうしたほうがいいんじゃない？」という提案を繰り返していれば、リーダーシップのトレーニングになります。そういう小さなことの積み重ねで、いざというとき、大きなピンチが訪れたときに、大きな決断ができるようになるのです。

自分ブランドを確立して自分の幅を広げる

リーダーシップを発揮して、組織の中のチームプレイで結果が出せるようになると、個人の生き方においても、いわゆる「できる人」になっていきます。できる人はそれだけ魅力的な人でもあり、同性からも異性からも、どんどんモテる人になっていく、ということです。

リーダーシップが身についた人は、いろいろな人から頼られ、頼まれごとも多くなるので、公私共に成長の機会が確実に増えます。すてきな話、おもしろい仕事が舞い込んで、それが次の仕事につながっていきます。「あの人はできる人だ」という評判が広がると、社内で仕事をするときも何かと便利だし、自分がブランド化されていれば、転職するときや、独立するときの武器になります。

いまの時代、会社の名刺や肩書で仕事をするだけでなく、個人の名前で勝負することはとても意味があることです。グローバルで見れば、現在約三億人近くのビジネスパーソンがLinkedIn（リンクトイン）を活用して、必死に個人のブランディングを行なっています。LinkedInは、世界最大級のビジネスに特化したＳＮＳサービスで、特にアメリカでは人口の約半数がユーザーです。日本ではまだ一〇〇万人程度しかユーザーがいませんが、こうしたサービスを活用すれば、職務経験からプロフィールを練り上げ、世界に向けて自分をブランディングすることも十分可能なのです。

また、リーダーシップが身についた人は、リスクを取ってさまざまなことにチャレンジすることで、自分の幅が広がっていきます。新しいこと、未知の分野に飛び込めば、成功しても、失敗しても、そのときの経験が学びにつながるのはもちろん、これまでとは違う人との接点もできるので、新たな経験や人脈を活かしたアイデアが出やすくなります。

それまでの自分の幅を丸い円で表すと、リスクを取って新しい領域に踏み出すと、その円の一部がボコっと膨らむ。そこでさまざまな経験を積むことで、最初の膨らみがどんどん大きくなり、やがてひと回り大きな円になる。日本語で言う「器を広げる」イメージです。

ワークにもライフにもリーダーシップ

リーダーシップを取れる人は、仕事のみならず、家族や友達同士でも、いい人間関係が築けます。自分が積極的に前に出て、周囲にポジティブな影響を与えれば、自分のこと、家族のこと、友達のこと、身の回りのさまざまなコミュニティがうまく回り始めます。

たとえば、友達を集めてパーティをやろうというのも、リーダーシップの一つの表れです。毎回同じ人ばかり集めるのではなく、次は誰と誰を呼ぼうかと考えるとすれば、そこには「この人とこの人をつなげたい」という意図が隠されています。AさんとBさんをくっつければ、何かおもしろいことが起きるかもしれないと思うからこそ、パーティーや飲み会を企画するわけです。

誰でもという話で言えば、小さな子どもも例外ではありません。夫婦関係があまりよくないとき、子どもがそれに気づいて、親をリードすることもあります。たとえば、ケンカしてお互いに口をきかない両親の注意を自分に向けるために、あえて泣く。自分が泣けば、二人とも自分のことを見てくれるから、ケンカはたぶん収まるということを直感的に理解しているわけです。そういう働きかけも立派なリーダーシップの一つです。

さらには、たとえば住んでいるマンションの管理組合や子どもの学校のＰＴＡ活動。これらを面倒くさいと感じる人は多いかもしれませんが、臆せず参加して、いろいろ話してみれば、もっと住みやすいマンション、居心地のいい学校になる可能性が高まります。いい影響を与えて人を動かすという意味では、仕事もプライベートも同じなのです。

空気を読んで空気を壊す

リーダーシップは「空気を読んで、空気を壊す」という一連のアクションです。

その場の空気を読むだけの人もいれば、空気を読まずにただ壊すだけの人もいますが、どちらか一方しかできないと、思ったような効果は得られにくいものです。空気を読んだうえで、必要に応じてその空気を上手に壊すことで、よりよい変化を周囲に与えることができます。

僕がこのような考えを持ったのは、いまから一〇年以上前に、上司に言われた一言がきっかけです。年末評価の話し合いで、日本人の上司は僕にこう言いました。

「ピョートルはクライアントからの満足度も高いし、まわりの人にもいろいろ教えてくれるので、すごくいいと思う。でも、一つだけ直してほしいところがある。ピョートルは空気が読めない。みんながピリピリしているときに、一人だけ笑ってジョークを言ったりするのはやめてほしい」

これを聞いて僕はビックリしました。みんながピリピリしていると疲れがたまるし、新しいアイデアも出ないし、緊張しているからミスも起きやすい。もし間違えたら、パニック状態になって、さらなるミスを誘発します。だから、僕はピリピリした空気を壊そうと、あえて笑いを取りにいっていたのです。それを非難されるとは思ってもみませんでした。

ネガティブな空気を一瞬で壊す

日本人は「ＫＹ（空気が読めない）」な人を評価しない傾向がありますが、みんなが緊張してピリピリしているときは、あえてジョークを言ってみる。全員がムッツリ押し黙っているときは、あえておどけた態度をとってみる。メンバーが間違った方向に行きそうなときは、あえて異論を挟んでみる。

そうやって意図的に空気を壊すと、凝り固まった思考から解放され、みんな落ち着いて考えられるし、まったく違った角度から解決策が見つかるものです。

これは、普段の職場のやりとりでも同じです。同僚が会社がブラックだとこぼしたら、あえて問題意識の高さを褒めちぎる。失敗して落ち込んでいる部下がいたら、うまくできている部分を伝えて温かく励ます。

ネガティブな感情を抱くと成果は出ないし、まわりにもよくない影響を与えるかもしれません。そういう空気を敏感に読み取り、あえてそれを壊すことで、プラスの変化をもたらす人こそ、本当の意味でのリーダーです。

コップ一杯の水で空気は変わる

空気を壊すというのは、NLP心理学の分野では「ブレイクステイト（Break Sztate）」と呼ばれていて、チームが緊張しているとき、何か対立が起きたときに、あえてそこに介入して、いまの状況をガラリと変えるということです。

たとえば、マネジャーと部下が揉めたので人事が間に入って仲直りさせようという状況。僕がよくやるのは、三人がテーブルについて話し合いをするときに、ペーパーカップに水を入れて置いておくことです。お互いが自分の言い分について述べるうち、エキサイトしてケンカ腰になってしまうことがあります。そんなときに、僕はわざとコップを倒して水をこぼすのです。

すると、二人は同時に立ち上がり、ティッシュを取りにいったり、タオルを持ってきたりして、二人で手分けしてテーブルを拭き始めます。僕が「すみません。水、かかりませんでしたか？」と謝れば、「こっちは大丈夫ですよ」「ピョートルさん、気にしないでください」と口々に答えてくれます。そして、気づいたときには、先ほどの怒りはすっかり忘れてしまって、落ち着いて話し合うことができるのです。

興奮している二人に「まあ、落ち着いてください」と口でいくら言っても、なかなか気持ちを切り替えるのは難しい。でも、水をこぼせば、反射的に身体が動きます。テーブルを拭いたりしているうちに、怒りはどこかに消えてしまう。手軽にできる、「空気を壊す」の一例です。

いつでも辞める覚悟はできているか

同じ「空気を壊す」でも、これがもし全社を巻き込む事業提案だとしたら、どうでしょう。ハードルは一気に上がります。何か新しいことを始めるときに、それが既存の体制の変更を伴うなら、反対する人がいるのは当然です。リスクが大きければなおさらでしょう。

社内政治に巻き込まれ、抵抗勢力との闘いに敗れ、当初の熱意を維持できずに挫折する人たちも見てきましたが、そこで必要なのは「いつでも会社を辞めてやる」という覚悟です。

新しい事業を始めたいという人たちに僕が聞くのは、「Are you ready to get fired?（クビになる用意はあるのか?）」ということです。

やってみたけど、うまくいかずに怒られてクビになったのなら、その会社ではできなかったということです。必ずうまくいくという信念があるなら、別のところで再チャレンジすればいい。それでもやりたいという気持ちがあるかどうか。

新規事業立ち上げに必要なのは、リーダーの強い覚悟です。結果が出れば、もちろんクビにはなりません。それどころか、有言実行の実力を評価されて、人より早く昇進する。グーグルでは出る杭は打たれるどころか、出る杭になることを推奨されます。むしろ、いつまで経っても出ない杭こそ、クビになる可能性が高い。そういう文化なのです。

組織を壊すこともリーダーの役目

とはいえ、他の人より早く昇進する人、スピーディに結果を出す人は、敵が多いのも事実です。リーダーシップの「空気を読んで空気を壊す」の「空気を壊す」ほうの比重が強くなるからです。場合によっては、それまでその組織で通用していたルール、暗黙の了解、チームの雰囲気といったあらゆるものを破壊して、前に進めるのがリーダーの役割なので、どうしてもリーダーは嫌われます。

さらにマネジャーの立場であれば、事業が危なくなれば、組織改編や人員整理に踏み込む必要も出てきます。

僕がいまプロジェクトに参加しているとある企業でも、新規事業を立ち上げる一方、突然、海外事業の撤退という大きな決定が下されました。こういう場合は、異動やクビを切られる側もつらいですが、それを決断するマネジャー自身も非常につらいものです。敵意や反感を抱かれたとしても、やるべきことを淡々とやりきらなくてはなりません。

赤字の事業を切って、新しいスキルを持った人たちを雇い、新規事業を立ち上げるしかないという場合には、いかにメンバーに納得してもらうか。残った人のモチベーションも高めていかなければいけません。

非常に悔しいけれど、自分が落ち込んでいる場合ではありません。そういう大きな目的に向けてメンバーを誘導するのも、リーダーシップの重要な役割です。

結果を出せば、みんながついてくる

誰も手をつけられなかった組織のタブーに切り込んだとき、もっとも劇的な変化が起きるのは、どんな組織でも同じこと。アメリカと真正面から戦争をしたら物量作戦で負けることがわかっていたにもかかわらず、太平洋戦争に突入するのを止められなかった戦前の日本を見れば、一度起きた流れを変えるのがいかに難しいかがわかります。それでも、「それは違う」「そのやり方は間違っている」と言えるかどうか。

どんなに嫌われても、結果を出せば、最後はみんなついてきます。しかし、いつでも辞めてやるくらいの強い覚悟がなければ、それだけのことをやり遂げることはできないでしょう。そのためにも、必要なのが、次章から紹介するマインドやスキルです。

実際、リーダーシップを発揮して、どんどん成果を上げる働き方をしている人は、勇気や覚悟があるだけではありません。仕事の進め方もとても上手です。

目的達成のためには、率直に意見を述べて、周囲の理解と協力をとりつける。最新の知識や情報を入手して、いち早く業務に取り込む。複雑な問題にも粘り強く向き合い、たとえわずかでも前に進める。状況や立場によって、さまざまな力を駆使していきます。

こうした力さえ身につければ、誰もがリスクに臆することなく、さまざまな場面でチャレンジできるようになります。いつでも、どこでも、どんなときでも、リーダーシップを発揮して、プラスアルファの変化を生み出していく、そんなアクティブでイノベーティブな働き方に変わっていくはずです。

第 2 章

イノベーティブシンキング

まったく新しい価値をつくる

組み合わせの妙が新しい価値を生む

現代ほど、イノベーションが求められている時代はありません。日本や欧米先進国では社会が成熟して物があふれ、大量につくれば売れた時代はとっくに終わっています。いままで誰も気づいていなかった需要を掘り起こし、生活の質を向上させるようなプロダクトやサービスを提供し続けなければ、ビジネスとして成り立たない。そういう厳しい環境の中で利益の源泉となるのは、新しい価値を生み出すイノベーションです。

ハーバード大学のクレイトン・クリステンセン教授は『イノベーションのジレンマ』（翔泳社、増補改訂版、二〇〇一年）で、従来のプロダクトやサービスの延長線上で適宜改良を加えていく「持続的イノベーション」と、従来とは異なる文脈から突然現れ、市場そのものをつくり変えてしまう「破壊的イノベーション」は別物だと述べ、イノベーションブームを巻き起こしました。

主に大企業が得意としてきた「持続的イノベーション」はプロダクトの質や精度を高め

ますが、過去の動きから予測しやすい未来なので、すぐに競合に模倣され、コモディティ化するのも時間の問題です。

一方、ベンチャーが得意とするのは「破壊的イノベーション」で、既存の製品やサービスの価値を無効化してしまうようなインパクトのあるプロダクトが、あるとき突然登場します。既存の製品とまともに勝負しても、最終的には体力勝負では勝てないので、別の角度から戦いをしかけるわけです。

変化のスピードが極端に速くなった結果、「持続的イノベーション」では投資額を回収するのが難しくなってきました。時間とコストを投入して、ようやく新製品を開発しても、わずか数カ月で模倣されて、値段は下がるし、販売数量も落ちてしまう。これでは黒字化するのは至難の業です。

イノベーションを起こす人材の特徴とは？

そこで「破壊的イノベーション」こそ企業が生き残る生命線だとばかりに、近年では、イノベーティブな人材のニーズが高まっています。大胆な発想と行動力で、自社の未来を切り開く次世代のリーダーとはどんな人材なのか？　そのための研究も進んでいます。

しかし、イノベーションを起こす人にもいろいろなタイプがいて、調べれば調べるほど相互に矛盾した特徴が見つかっているようです。

たとえば、よくある質問で、IQが高い人はイノベーティブかどうかというものがありますが、いまだに確たるエビデンス（証拠）がありません。ほかにも、失敗してもあきらめずに何度も繰り返すとか、熱い情熱の持ち主だとか、リスクを恐れないとか、リスクは取るけれどもむやみにリスクを取るわけではないとか、小さく始めて徐々に大きくしていくとか、さまざまなことが言われていますが、いまだに決定打のない状態です。

とはいえ、どんなにイノベーティブな人でも、まったくのゼロから何かを生み出せるわけではありません。一見無関係に見えるこちら側の知識とあちら側の知識をつなげると新しい見方ができる。このアイテムとあのシステムをつなげると新しいサービスが生まれる。別々のものを組み合わせて、新しい価値を生み出すのがイノベーションの正体です。

つまり、斬新な組み合わせを思いつく創造力に加え、たとえそれが一見愚かなアイデアでも、やると決めたら何としても実現させる実行力が求められるのです。人を説得し、巻き込み、決断し、先導していくプロセスがビジネスには欠かせないからです。

破壊的イノベーションを生み出すには、優れたクリエイティビティと強力なリーダーシップの二つが突破口になるのです。

「広く浅く」と「狭く深く」を兼ね備えたT型社員

グーグルでは「T型社員（T-shaped individuals）」が評価されています。「T」の文字の上の横棒は「広く浅く」という意味で、ビジネスパーソンとしてさまざまな領域の経験があり、また興味・関心を幅広く持っているということです。その対象は仕事に限らず、多趣味な人ほど、斬新でおもしろいアイデアを思いつく可能性が高いとされています。

オフィスを一歩離れれば、ギターの達人だったり、ＤＩＹ（Do It Yourself）が趣味で何でも自作してしまったり、トライアスロン大会の常連だったり、ヨガにはまって東洋思想に詳しかったり、料理をつくらせたらプロ級の腕前という人がたくさんいます。

一つの趣味を極めるだけでなく、あちこちつまみ食いするように、いろいろなことに手を出す人もいます。仕事が終わると、絵を描いたり、音楽を聴いたり、料理をしたり、エクササイズをしたり。それによって五感が鋭くなってセンスが磨かれ、アンテナも広がります。クリエイティブな人は、さまざまな情報をキャッチして、それをうまくつなげてパターンをつくるのが上手なのです。

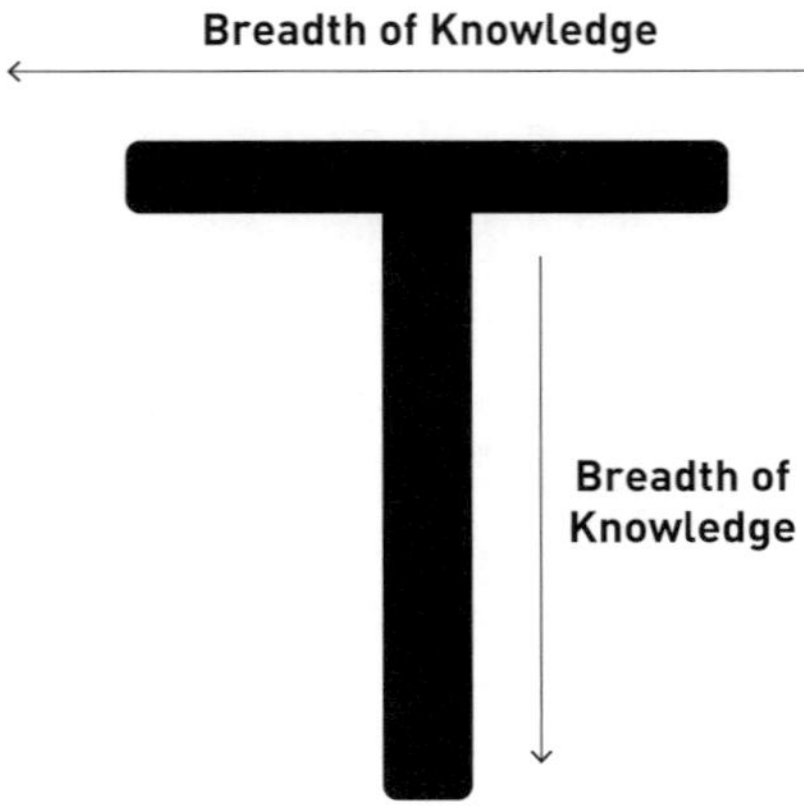

[T型社員のイメージ]
縦棒が知識の専門性、横棒が知識の広汎性を示す。イノベーティブな人の特性とされる

さらに、多趣味な人はそれを通じて人と交わる機会も多く、同じ趣味の人同士のコミュニティやネットワークづくりも盛んです。

こうして人を巻き込み束ねていく経験は、仕事の場面でも必ず役に立ちます。関連する他部署や興味を持ってくれそうな人に声をかけることが、リーダーシップを発揮することだからです。

一方、「T」の下の縦棒は「狭く深く」という意味で、ある分野について専門的で深い知見を持っているということです。

その分野では誰にも負けないくらいの知識があれば、それ自体が強みとなります。また、一つの分野をマスターすると、同じ考え方や法則性を別の分野に適用できたり、似たような現象をひとまとめにできたりして、未知の分野に分け入るときに短時間で理解できるようになります。

しかし、自分の専門分野だけを深掘りしていると、環境の変化にうまく対応できません。たとえば、プログラミング言語は数年単位で流行が移り変わるので、ある言語に習熟する一方で、つねに最新の動向に目配りしておかないと、すぐに自分の技術が陳腐化してしまいます。だからこそ、「狭く深く」と「広く浅く」の両方を兼ね備えた「T型社員」が求められているのです。

T型社員に共通するのは、あれも知りたい、これも理解したいという旺盛な知識欲です。自分の仕事だけでなく、隣の人は何の仕事をしているのか、あの人たちは何の話をしているのか、何にでも興味を持つし、気になったらすぐに質問する。

そうやって、自分の好奇心を満たしつつ、多くの人と刺激し合いながら、Tの横棒をどんどん広げていくのです。

いつもと違う切り口で発想を広げる

イノベーションが花盛りのいま、僕のところにも「わが社でもイノベーションを起こせる人材を育成したい」というオファーが頻繁に舞い込みます。

僕がよく企業向けに行っているイノベーション・ワークショップでは、いくつかのエクササイズを通じて、従来の枠組みにとらわれないアイデア出し、アイディエーション(ideation)を実際に体験してもらいます。

これらのエクササイズを習慣にしていくと、いざというときもアイデアが出やすく、実行に移すチャンスも増えます。他の人のアイデアにも柔軟に対応することができるでしょう。新しいことに率先してチャレンジしていくためにも、普段からどんどん発想力を磨いていってほしいと思います。

ここでは、アイデア出しのやり方を四つ紹介します。

①もの同士のつながりを考える

一つ目は、一見無関係なものを三つ取り上げて、それらの接点やつながりを考えるエクササイズです。三つのものは何でもかまいません。たとえば、「①コーヒー」「②スマートフォン」「③牛乳」。この三つの接点を考えるのです。

僕は普段、コーヒーをブラックで飲むので、ミルクはいりません。ということは、カフェでコーヒーと一緒に運ばれてきたミルクは、きっと最終的に捨てることになります。これはもったいない。僕がミルクをいらないということを店員が先に知っていれば、ミルクを用意する手間も省けるし、ミルクを捨てる必要もありません。それなら、注文を聞くときに「ミルクと砂糖はいりますか？」と一言聞けばいいわけです。

いまはスマホとの接点を探しているので、たとえばスマホのアプリで注文したらどうなるかを考えてみましょう。メニューからコーヒーを選ぶと、自動的に「ミルクはいりますか？」「砂糖はいりますか？」と出てきて「いらない」をタップすれば、コーヒーだけが運ばれてくる。ミルクにコストがかかっているなら、ミルク抜きのコーヒーは10円安くなってもいいわけです。

コーヒーとはこういうものだ、コーヒーに入れるミルクとはこういうものだ、お店で注文するというのはこういうことだという思い込みが、自由な発想を阻害します。そうした思い込みを打ち破るために、別々のものをつなげてみる、一見無関係に見えるもの同士の接点をきっかけに考えてみるのです。

これも発想力を鍛えるトレーニングの一つです。

②別世界からアイデアを持ってくる

もう一つは、別世界からアイデアを持ってくるエクササイズです。たとえば、僕がコーヒーショップを経営しているとしましょう。お客さんにコーヒーを提供して、もっとお店を繁盛させたい。そのために考えるべき要素は何でしょうか。

どの豆がおいしいか（ジャマイカのブルーマウンテン、ハワイのコナなど）。その豆にはどんな焙煎が向いているのか（浅煎り、深煎りなど）。どんな挽き方とどんな抽出方法の組み合わせが向いているのか（極細挽き→エスプレッソ、粗挽き→ネルドリップなど）。コーヒーを淹れる温度も、水も、豆の分量（濃さ）も、すべて味に影響しているはずです。

しかし、それで十分でしょうか。もっとほかに考えるべき要素はないでしょうか。

［方法1］ベンチマークを探す（例 コーヒー↓ワイン）

それを知るためにも有効なのが、別の世界の先行事例を持ってきて、ベンチマークとして利用するという方法です。僕なら、ワインを参考にします。

ワインは世界中にファンがいて、栽培・醸造技術の研究所もあるし、大学でも教えています。評価のしくみも確立され、地域別・年代別のデータも豊富、ソムリエやワイン評論家などのプロフェッショナルもたくさんいます。そのワインは、湿度が何％で、温度が何℃のときに提供すれば、いちばんおいしいのか。赤ワインなら開栓後何分ぐらいで提供するのがベストタイミングなのか。グラスの形や材質、厚みによって味はどれくらい変わるのか。どんな料理と合い、どんな料理と合わないのか。そうした研究が、おそらくもっとも進んだ分野です。

そこで、ワインを基準に考えて、コーヒーで足りないものは何かを探します。たとえば、食事やスイーツとの食べ合わせによって、コーヒーの味も変わるかもしれません。紙コップと陶器のカップではどうでしょうか。さらに、これまでコーヒー豆の種類にしかこだわっていなかったとしたら、もしかしたら、ワインと同じように、どの地域のどの農園のどの畑で採れた豆かによって、味に違いがあるかもしれません。

このように、似たような分野で参考になりそうな先行事例があるなら、それと比較して足りない部分を挙げていくことで、さまざまなアイデアを得ることができます。

ちなみに、分析好きなグーグルが、仮にコーヒーショップの経営に手を出そうと思ったら、コーヒーに関するあらゆるデータを徹底的に収集するでしょう。どの地域のどの豆を、どれくらい焙煎して、どれくらいの大きさに挽いて、どんな抽出方法で入れるとおいしいか。どんな容器で、どれくらいの量を、何℃のときに飲むのがおいしいか。いろいろ試行錯誤をしながら大量にデータを集め、最適な組み合わせを探っていくはずです。

結果として出てくる答えは、もしかしたら平凡なものかもしれません。それでも、きちんとデータで裏付けを取るのは、そのほうが説得力があるからです。グーグルの社員はエンジニアが多いので、エビデンスベースで説明しないと、認めてもらえません。みんなが納得して仕事をするには、データによる裏付けが必要なのです。

［方法2］すでに解決済みの事例を探す（例 水着→サメ）

イギリスのスイムウェアブランド「スピード（Speedo）」が開発した競泳用の水着「ファーストスキン」は、それまでの常識を覆す表面に凹凸のあるサメ肌プリントを採用、手首から足首まで全身を覆うフルスーツ姿も話題となり、二〇〇〇年のシドニーオリンピックで注目を集めました。

高速水着の開発競争の口火を切ったとされる「ファーストスキン」ですが、どういう水着なら速く泳げるかというチャレンジングな課題を与えられた開発チームは、別の世界からアイデアを持ってきました。いちばん速く泳げる魚、サメを参考にしたのです。

水中での速さを決めるのは、どれだけ水の抵抗を抑えられるかです。それまでは表面がなめらかな水着が主流でしたが、サメ肌を参考に、水の流れに沿った方向はツルツルに、逆方向はザラザラになるように加工したら、空気の膜ができて水の抵抗が抑えられることがわかりました。サメの専門家やＮＡＳＡ（アメリカ航空宇宙局）の研究者も加わって開発された水着の効果は劇的で、着用した選手が世界記録を連発し、一時は競技での使用が禁止されたほどです。

ある課題に直面したとき、別の世界を見渡せば、すでに解決済みだったというケースは意外とあります。これも、イノベーションを実現する思考法の一つです。

③ルールを破る

三つ目は、ルールを破るということです。あえてルールと反対のことをしてみたり、ルールを拡大したり、縮小したりして、いままで当たり前だと思っていた常識を打ち破り、新しい発想を得ようというエクササイズです。

たとえば、コーヒーを淹れるときにどんなルールがあるかというと、コーヒーは基本的にお湯で淹れるという暗黙の了解があります。そこで、あえてこれを破って、冷たい水で淹れてみるのです。

すでに世の中には水出しコーヒーという透明感のあるアイスコーヒーもありますが、最近では、冷たい水で淹れるエスプレッソマシンも登場しています。エスプレッソに冷たいミルクを加えてつくるカフェラテや、温かいエスプレッソに氷を入れて冷やしたものとは違う、もともと冷たいエスプレッソ。香りも味わいも異なります。これも一つのイノベーションです。

コーヒーを淹れるときに、いきなり全部のお湯を注ぐのではなく、先に豆を湿らせてしばらく蒸らしてからお湯を注ぐと、おいしくなると言われています。では、そのルールを拡大して一時間蒸らしたらどうなるか。数時間置いておくと味はどう変わるのか。逆に、時間を極力短縮して、豆を挽いた瞬間お湯を注ぐとどうなるか。いろいろ試してみれば、これまでとは別の味わい方を見つけることができるかもしれません。

④違う人の視点で問題を見る

四つ目は、自分とは違う人の目で問題を見てみるということです。自分はこう思うけれど、あの人ならこう考えるはずだというふうにして、発想していきます。

たとえば、ユーザーの立場ならどうか、さらに特定の層のユーザーならどう考えるだろうか、と想像してみてください。年齢や性別、暮らす環境、趣味趣向など、さまざまな観点から発想を広げていけるでしょう。あるいは、スティーブ・ジョブズなら、イーロン・マスクなら、同じ問題をどう考えるか、大胆に想像を巡らせてみるのです。

相手の立場に立って考えると、問題解決の糸口が見つかったりするものですが、それをアイデア出しに応用しようということです。

このように、アイデア出しの方法はいろいろあります。どれも、自分の凝り固まったものの見方をいったん忘れて、別の角度から問題を眺めてみようということです。それだけで、きっと新たな発見があるはずです。

イノベーティブな人材というと、特別な才能を持った特別な人たちを想像しがちですが、僕がこれまで出会ったすごい実績を持つスーパーマン、スーパーウーマンは、実は普通の人とそんなに変わりません。つねに斬新なアイデアを思いつくとは限らないし、失敗もたくさんします。

ただ、一つだけ言えるのは、みんな素直で、みんな少し変わっています。

締切のプレッシャーが底力を引き出す

先ほどイノベーティブなアイデアを出すための方法をいくつか紹介しましたが、すべてに共通するポイントが一つあります。それは、時間を区切って取り組まなければならないということです。

エクササイズの場合は、一〇分間で調べられるだけ調べて、組み合わせを考えたり、パターンを見つけたりします。でも、もし五分しかなければ、目の前にいる人に聞くほうがいいかもしれない。パソコンだとちょっと調べただけでタイムアップだからです。

ダラダラやっても訓練にならないので、短時間で切り上げる。限られた時間の中で最大限の努力をすることが重要です。

際限なく時間があると、情報収集ばかりに気を取られて、肝心の考える作業がおろそかになりがちなので、むしろ時間は短いほうがいいのです。制限時間内に成果を出さなければいけないという切迫感や緊張感が頭の回転を速め、短時間でよりよいアイデアを生み出す力になります。

締切がないと仕事は完結しない

雑誌やウェブで記事を書いたり、ブログを書いたりしている人はわかると思いますが、締切のない原稿はつい後回しにしてしまって、いつまでも書き終わらないものです。人間は弱い生き物ですから、締切のプレッシャーがあってはじめて、執筆に身を入れることができます。

明朝までに資料を仕上げなければいけないと思えば、適当なところで調査は切り上げて、なんとか結論を出そうとするでしょう。あと一週間締切が延びたとしても、ギリギリまで粘って考えた結論は、そう簡単に変わりません。時間をかけたからといって、必ずしも結論がよくなるわけではないのです。

特に、日本企業のR＆D（研究開発）部門や企画部門の人たちは、根が真面目なだけに、時間があればあるほどひたすら情報を集め、ひたすら分析し続ける傾向にあります。プランづくりや企画立案にどれだけ時間をかけても、アウトプットにつながらなければ、ビジネスとしては失格です。

いまはあらゆるプロダクトやサービスの寿命がどんどん短命化していますから、アイデアをこねくり回す時間が長ければ長いほど、プロダクトを売り出し、サービスをローンチ（市場に出すこと）した後に稼げる時間が短くなります。

最短一〇分、最長でも一週間で結論を出す

たとえば、日本の若い女性の結婚観について調べるとして、一〇分でできること、一時間でできること、一日でできること、一週間でできることは違います。

一〇分しかなければ、おそらくネットで検索をかけて、いくつか記事を参照して終わりです。

一時間あれば、職場の若い女性、あるいは、そのへんを歩いている若い女性の何人かに声をかけて、質問できるかもしれません。「いま結婚していますか？」「結婚したいですか？」「したくない理由は何ですか？」「結婚する相手に望むことは何ですか？」「パートナーの年収はいくらくらいが希望ですか？」。一時間で調べられる量は限られていますが、数人に対するアンケートを手がかりに、自分なりに仮説を立てて、次のステップに進むことができます。

一日あれば、より多くの意見を集めることができるでしょう。業界や職種、年齢、学歴などの属性ごとに偏りを見つけることができるかもしれません。データが増えれば、仮説の精度も徐々に上がっていくはずです。

一週間あれば、準備期間も含めて、若い女性をたくさん集めてワークショップを開けるかもしれません。街頭アンケートより深いレベルのインタビューができるし、数人ごとのグループに分けてディスカッションしてもらえば、さらに多くの意見を集めることができます。そうして、ここまでの仮説が合っているかどうかを確認するのです。

この段階で、かなり精度の高い結論が得られるはずです。逆に言うと、この後、何週間もかける意味はないかもしれません。あらかじめ一週間で結論を得ると決めておく。歯止めがないと、気が済むまで延々と調べ続けてしまうのは、日本人のよくないところです。

アクションにつながるストーリーはあるか

もう一つ、情報収集・分析に関することで忘れてはいけないのは、集めた情報を分析した結果を受けて、自分なりの仮説を立てなければ、アウトプットしたことにならないということです。

よくありがちなのは、集めたデータをエクセルで集計して、出てきた数字を並べるだけ、あるいは、それをグラフやチャートで表示して終わりというタイプのプレゼンです。時間をかけて調べたのかもしれませんが、数字そのものは結論ではありません。そういう場に居合わせると、「だから何?」「あなたはどうしたいの?」と聞きたくなります。

そのグラフからどんなことがわかり、その結果、何をどうすべきなのか(仮説)。それをするための条件は何で、リソースが足りないから上司に予算と人手の確保をお願いしにきた(結論)。

そうやって、得られた数字を自分なりのストーリーに落とし込み、課題と解決策をセットで提案する。そこまでしてはじめて、それはあなたの意見になります。

データも分析結果も、仮説を立てるための材料にすぎません。集めた材料をもとに、直感を働かせて、自分なりのストーリーを思い描く。

「これこれこういう理由で、こうなるはずです。だから、こういう手を打ちましょう」という流れを自分の言葉で説明できるようにすること。それこそがあなたの意見であり、仮説なのです。

日本式ホウレンソウの落とし穴

外資系企業ではよく「Don’t bring me problems, bring me solutions.（課題を持ってくるな、解決策を持ってこい）」と言われますが、ソリューションのない提案は、提案とは言えません。

たとえば、上司のところにやってきた部下が「こんな問題が起きています」「大変です」と報告したら、「で、あなたは何をするの?」「どうすれば問題解決できるの?」と聞かれるでしょう。そのときに「わかりません」では済まないので、自分なりの解決策を考えて提案することが求められます。

もちろん、それはあくまで仮説なので、採用されないかもしれません。しかし、人を動かすためには、自分の意見をストーリーにして語る技術が欠かせないのです。

ところが、日本人の中には単なる事実や数字を報告するだけで、自分の意見を言わない人がかなりいます。報告・連絡・相談の「ホウレンソウ」を求められるシーンは多くても、ただ事実を伝えるだけでは、次のアクションにつながりません。それでは仕事として評価されないのです。

「なぜ？」「どうして？」で突き詰める

もちろん、日本にもリクルートのように、イノベーティブな人材の育成が盛んな企業もあります。「人材輩出企業」として知られる同社では、社員が自分でやりたい事業をどんどん提案することが推奨されています。

課題と解決策をセットで考えて、「こんな課題を解決する、こういうサービスを展開したい。そのためには、これくらいのリソースが必要です」と提案して、そのビジネスプランが評価されれば、会社がお金を出して新規事業を立ち上げる仕組みができているのです。

プレゼンテーションの場では、「なぜそれをやりたいと思ったのですか？」「なぜ？」「どうして？」「なぜ？」「どうして？」としつこく聞かれます。自分の狙いや将来展望、その事業にかける思いをとことん掘り下げることが求められているのです。

「なぜ？」と聞かれてうまく答えられなければ、思いつきのレベルを超えないので、そのプランは通りません。もっと脳ミソを駆使して、誰よりも深くその事業について考える必要があります。

「なぜ？」「どうして？」はアイデアを掘り下げるのに非常に有効です。「なぜそう思ったのか？」「どうしてそこに顧客がいると思ったのか？」「なぜそのサービスが受け入れられるのか？」「どうしてライバルの参入まで時間を稼げるのか？」。これらの問いを何度も繰り返すことで、アイデアは鍛えられ、実現可能なプランに落とし込むことができます。

ちなみに「なぜ？」「どうして？」と聞かれて壁をつくってしまう人は、仮に事業を立ち上げても、ステークホルダーを説得できないでしょう。自分の意図や思いを明確に言語化して、相手を説得するのも、事業を立ち上げるには欠かせない能力です。

ビジネスは「アイデアを出して終わり」ではありません。いいアイデアが出たら、それを実現する方法を考え、周囲を説得して巻き込んでいくのが次のステップです。当然、スムーズにいかないことのほうが多いですが、そこであきらめてしまえば終わりです。

周囲の反対や軋轢《あつれき》、失敗するかもしれないというリスク、それらもすべて引き受けて、チャレンジを始める。これこそ、これからの世界で求められる働き方です。

第3章

プロトタイプシンキング

ビジネスのスピードを上げる

最初から完璧を目指さない

プロトタイプシンキングは、いきなり完成品を提示するのではなく、試作品であるプロトタイプの段階で見せることで反応を集め、それをベースに試行錯誤を重ね、最短距離でゴールを目指す思考法であり行動パターンです。

頭の中で考えるよりも、目の前に現物があれば、次のアクションにつながりやすく、また完成品のイメージをプロジェクトメンバーとも共有できます。それによって、意思決定も行動もぐんぐんスピードアップすることを目指しています。

行きすぎた完璧主義では取り残される

プロトタイプシンキングは、とりわけ何でも完璧にこなしたがる日本人に求められる手法です。日本企業の場合、組織が大きくなるほど、どうしても完璧なものをつくろう、という発想になりがちです。ものづくり信仰が強いためか、細部までつくり込んで、完璧にできあがった段階ではじめて市場に出そうとするのです。

ところが、いまはマーケットのニーズがきわめて多様で、しかも変化が激しい。完璧なプロダクトをつくり込んでいるうちにブームは終焉、ようやく製品化したときには、すでに時代遅れで陳腐化している。そんな悲劇が繰り返されています。

しかし、かつての日本企業はそうではありませんでした。

たとえば、一九六〇～七〇年代の公害問題の高まりを受けてホンダが開発したCVCCエンジンは、当時不可能と言われた厳しい排ガス規制（通称マスキー法）を世界ではじめてクリアしたテクノロジーとして知られていますが、これも、すでに完成した技術があったわけではありません。

開発の陣頭指揮を取っていた本田宗一郎が、まだ完成までは時間がかかると思われた段階で、いきなり記者会見で公表してしまった。先にあるべき姿を提示することで、エンジニアにプレッシャーを与えると同時に、「絶対やり遂げるぞ」とモチベーションを高める本田宗一郎流のやり方です。

プロトタイプシンキングは、何か新しいアイデアがあったら、未完成でもいいので見える形に落とし込むところからスタートします。それをいろいろな人に見せたり、ユーザー

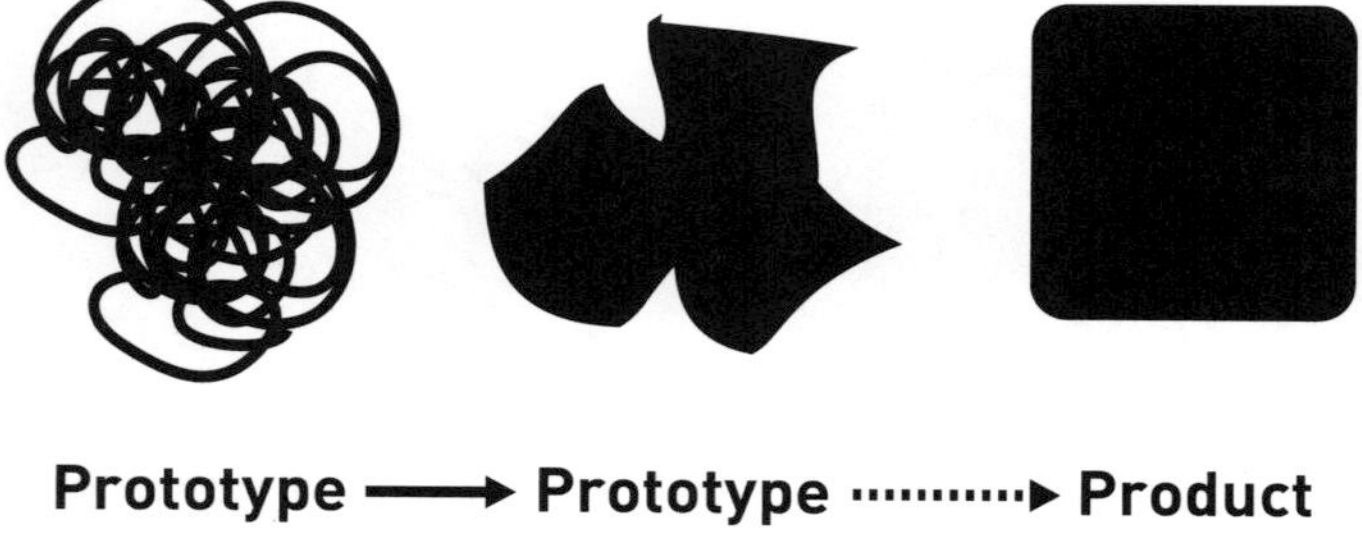

［プロトタイプシンキングのイメージ］
アイデアを早い段階で見せてフィードバックを得ることで、実現までのスピードと質を上げる

に使ってもらったりして、そのアイデアが正しいかどうかを試します。こうして早い段階で、周囲にコンセプトやアイデアを共有してもらい、興味を持ってくれる人がたくさんいれば、投資家から、あるいは社内で資金調達して、そのアイデアを実現するのです。

言葉や文字だけでは判断しにくいことでも、目に見える〝もの〟があれば、相手も意見を言いやすいでしょう。自分では最高だと思っても、独りよがりのアイデアなら否定的な意見が並ぶだろうし、試行錯誤する中で当初のアイデアとはまったく違ったものになる可能性もあります。

いずれにしろ、せっかくのアイデアを単なる思いつきで終わらせないためには、未完成でかまわないので、なるべく早い段階で周囲の人に見てもらうことを習慣化するといいと思います。

「商品」重視の日本企業

日本企業は、伝統的に「商品」にとても強いこだわりを持っています。商品のよさ、商品の素晴らしさについては自信を持っている。職人気質というのでしょうか。

たとえば、刀をつくる刀鍛冶《かたなかじ》や、刀に文字や装飾を彫る彫師、刀を研ぐ研師のような職人がいます。この人たちは毎日毎日、一生涯にわたって同じことをしています。だから、非常に高度で繊細な技術を持っていて、いまではヨーロッパでも日本の刀剣が高値で売買されています。日本の刀職人がパリで一旗揚げるということも起きています。素晴らしいもの、完璧なものをつくり出す。それが日本の強みです。

ただ、その職人気質がかえって失敗に結びつくケースもあります。

たとえば、携帯音楽プレイヤーやスマートフォンをつくるとき、ソニーをはじめとする日本企業が何をするかというと、R＆D部門にエンジニアを集めて、数年間それだけに打ち込んで、完璧なものをつくって出そうとします。放っておけば、いつまでも開発を続け、より完璧なものを目指して日夜努力を重ねます。

ところが、アップルはどうかというと、スティーブ・ジョブズの細部にわたるこだわりはあるとはいえ、初期のプロダクトは未完成の状態で出てきます。不具合はソフトウェア・アップデートで順次改良し、それでも間に合わないときは、次のバージョンのプロダクトを繰り出す。そのたびに買い直す僕のようなユーザーも多いわけです。

初期のiPodやiPhone、iPadはどこかしら不具合を抱えていました。ソフトがうまく動かないとか、マップがでたらめで使い物にならないとか、バッテリーが急に上がってしまうとか。完璧ではないとわかっていても、とりあえず出してみて、ユーザーの反応を見る。ユーザーからフィードバックをもらうことで、完成品に近づけていく。そのほうが開発スピードも速いし、ユーザーニーズに合致したものをつくることができるからです。

グーグルも同じです。開発途中のプロトタイプを積極的にユーザーに公開します。ローンチ&イテレートといって、どんどん世の中に出して（launch）繰り返す（iterate）。たとえば、同時に五つのパターンを試してユーザーの反応を見る。Aはあまり反応がないけれども、Bはまあまあ、Cはすごく反応が出ているということになると、Cがいちばんいいものになります。しかし、同じことをもう一回、テストしてみると、先ほどと違ってAに反応があるかもしれない。
回数を重ねると違う反応が返ってくることもあるので、繰り返してみないと、何がよくて何が悪いのか、わかりません。

PDCAサイクルによくありがちな誤解

試行錯誤を繰り返すという意味で、日本人にも馴染み深いのは、プラン（仮説）、ドゥ（実行）、チェック（検証）、アクション（改善策）のPDCAサイクルではないでしょうか。しかし、真面目な日本人がPDCAサイクルに取り組むと、本来の目的とは違ったものになりがちです。どうしても完璧なプランをつくろうとしてしまうのです。

PDCAサイクルのPは、「計画」というより「仮説」です。仮説を立て（Plan）、実際に試してみて（Do）、ダメなら（Check）すぐに方向転換する（Action）。これを短時間でグルグル回して最短距離でゴールを目指すのが本来の姿です。

最初に完璧なプランを出す必要もなければ、プランに時間をかける必要もありません。最終的なプロダクトの完成度が高ければいいので、むしろ、プランはできるだけ軽くして、DCAをしっかり回すことを心がけたほうが、いい結果につながります。

「商品を売る」から「プラットフォームで囲い込む」へ

もう一つ付け加えるなら、iPhoneというのは、ただのプロダクトではありません。音楽も電子書籍もアプリも買える。全部クラウドベースです。Apple Watchもただの腕時計ではありません。身体のデータを収集して、それを次のビジネスにつなげていく。ヘルスデータは宝の山です。個人情報とは切り離された形で、医療機器メーカーや製薬会社にデータを売れば、一大ビジネスチャンスです。

ソニーのウォークマンは再生機能しかない、ただのミュージックプレイヤーで終わってしまいました。音楽を買うことも、買った音楽のデータを利用してリコメンド機能を提供することもできません。商品やプロダクト中心の考え方ではなく、プラットフォームを運営して、全体としてお金が回るビジネスをつくるという発想がなかった。

ソニーは、プロダクトとしてのウォークマンもバイオも持っていたし、ソニーミュージックエンターテインメントも、ソニー・ピクチャーズも持っていたから、やればできたはずなのに、発想が商品から抜け出せなかった。もったいないと思います。

ビジネスのスピードがぐんぐん上がる

プロトタイプをなぜつくるかといえば、人の反応を見るためです。たとえば、本を書くときに、あらかじめざっと目次をつくっておく。そうすると、それはどんな本で、どのあたりがポイントなのか、目次を見るだけでイメージできるし、「もっとこういうことを書いてほしい」というリクエストや、「ここはいらないかも」というアドバイスをもらえるかもしれません。

打ち合わせ用の資料もプロトタイプの一つです。会議なら前もってアジェンダがあれば、そこが議論のスタートラインになります。何もないまま集まるよりも、簡単なメモ書き程度のレジュメでもあれば、議論の方向性を見失うことなく、より建設的な意見を戦わせることができるでしょう。

ただ、会議や打ち合わせ用の資料づくりで注意したいのは、時間をかけすぎないことです。事前資料は、議論を深めるためのたたき台にすぎないので、ここで時間をかけてもあまり意味はありません。むしろ、思いつきを並べるくらいの軽い気持ちで取り組んだほうがいいでしょう。

アイデアを直接市場に問うクラウドファンディング

キックスターター（https://www.kickstarter.com）のようなクラウドファンディングが普及した結果、まだ具体的なプロダクトやサービスがない状態、つまりアイデアやコンセプトを直接市場に問うて、資金調達することができるようになりました。

そこまでいかなくても、プロダクトやサービスをつくる前に、ニーズがあるかどうか、潜在ユーザーがどんなところに興味を持っているのか、どんな機能をほしがっているのか、直接市場に問いかけて、「完成したら買う」と予約を受け付けるウェブサイトもあります。見込みがあればビジネスを立ち上げる。最初の顧客がある程度読めるので、白紙の状態でビジネスを立ち上げるよりも勝算は高くなります。

こうした予約型スタートアップも、アイデアやコンセプトを未完成の段階で公表してして進めていくプロトタイプシンキングの一例です。

ハードの試作品をつくるコストが劇的に下がった

ネット系のサービスやソフトウェアは、もともとベータ版を公開してユーザーに使ってもらいながら改善を積み重ねるという仕組みで回っています。さらに、ウェブデザインやオンラインゲームの世界では、A／Bテスト（二つのパターンを用意し、実際のユーザーの反応を見て、どちらがいいか見極める）を繰り返しながら、ごく短期間のうちに最適化を成し遂げることに成功しています。

ユーザーの反応を見ながらプロダクトの精度を上げていくのは、従来はソフトウェア産業の独壇場だったわけですが、3Dプリンタに代表されるメーカーズ・ムーブメントによって、ハードウェアの世界でもプロトタイプの制作コストが劇的に下がり、よりスピーディーに製品を世に問う環境が整いつつあります。

DMM.make AKIBA（http://make.dmm.com）のように、ものづくりのスタートアップを支援しているところも出てきています。3Dプリンタはもちろん、工作機械や道具、素材などが揃っているので、IoT家電など、かなり高機能のプロダクトまでつくることができます。ハードウェア・スタートアップを起業する環境も整いつつあり、またそういう会社にプロトタイプ制作を依頼することで、最新技術の恩恵を受けることもできます。

クラウドファンディングのように、アイデアやコンセプトだけでも人の反応は得られますが、実際にモノがあれば、さらに具体的なニーズをつかめるはずです。触って使ってもらうことで、思わぬヒントが得られるかもしれません。その気になれば、誰もがビジネスのスピードを加速できる時代がやってきたのです。

日常あらゆる場面でのリーンスタートアップ

プロトタイプシンキングの考え方は、コストをかけずに「仮説→検証」を繰り返し、ムダを排除しつつスピーディーにビジネスを進めていくリーンスタートアップに似ています。ただし、対象は何も新規事業の立ち上げや製品開発にとどまりません。

身近なところでは、試供品によるマーケティングリサーチも、プロトタイプシンキングの先行事例の一つです。化粧品や日用品でも、試供品を配って消費者に試してもらうことは昔から行われています。さらに、このやり方を日々の身近な業務に活かせば、職場のあらゆる場面でリーダーシップを発揮していくことができるはずです。

たとえば、Google AppsやOffice 365のようなクラウドサービスが便利だから、自社にも導入したい。部長を説得して了承を得るのに、プレゼン資料を準備して、「情報漏えいのリスクよりも、コスト面やメンテナンス不要のメリットのほうがはるかに大きい」と説けば、部長は興味を持ってくれるかもしれません。

しかし、それだけではおそらく首を縦に振ってくれないでしょう。「で、実際のところ、使い勝手はどうなの？」という質問に答えてはじめて、導入の可否が決まります。

「で、実際のところはどうなの？」という質問に対して、いちばんわかりやすい答えは、目の前で操作してみせることです。「使いやすいです」と言葉で説明されてもピンときませんが、「こういうときは、ここをクリックするだけです」と実際に操作してみせれば、一発で懸念は氷解します。現物に勝る情報はないのです。

社内でも社外でも、人に何かを売り込むときはすべて同じです。人は本質的に変化を恐れる生き物ですから、やらない言い訳を考えだすとキリがありません。

「使いにくい」「新しい操作を覚えるのが面倒だ」「いままで何の不自由もなかったんだから、新しくする必要はない」といった変化を嫌う心を乗り越えて、新しいものを受け入れてもらうには、現物を見せて安心してもらうのがいちばんです。

社内稟議に負けない交渉術

ところが、日本の大企業では、何かを決めるときは稟議書をつくって回すのが一般的です。課長のハンコをもらい、部長のハンコをもらって、ようやく承認される。稟議書というのは、ほとんどテキストベースです。課長や部長が読んでわかるように、要点を絞ってシンプルに書いてあります。しかし、ムダがない分、そこに載っている情報量も少ない。「で、実際のところはどうなの？」という質問に対する答えはほとんど書いていないのではないでしょうか。

それよりも、課長と部長がいるところで現物を使ってデモンストレーションをする。そのほうが納得感は高いし、結論も速い。それがプロトタイプシンキングの本質です。

中途半端なものであっても、見本があるのとないのとでは、説得力が違います。だから、言葉だけではなくて、見て触って試すことのできるプロトタイプをつくるのです。素早くつくって試してもらう。それによって、相手を説得するわけです。

相手の反応を手がかりにゴールを目指す

言葉による説明よりも、現物や見本のほうが説得力があるのはなぜでしょうか。個人的な経験からお話ししましょう。

iPadの操作性はきわめて直感的です。たまたま僕の元同僚がパーティーに一歳半の子どもを連れてきたことがあって、その子にiPadを与えておいたら、二時間くらい夢中になっていじっている。すっかり使いこなしているわけです。

それを見て、こんなに小さな子どもが使えるんだから自分も使えないはずはないと思って、翌日すぐにiPadを買いました。使ってみるとすごく便利なので、それまでガラケーを所有していた僕は電話も直ちにiPhoneに切り替えました。

iPhoneやiPadのスペックを眺めているだけでは買う気にならなかったのに、自分で触った瞬間、ファンになりました。現物を触るという行為には、それくらいインパクトがあるのです。

ユーザー目線でインターフェイスから発想する

言葉より現物が強いのは、情報量が圧倒的だからです。iPhoneやiPadを言葉だけで説明してください、と言われると非常に難しい。しかし、実際に触ってみれば、一歳半の子どもでも使いこなせるわけです。

だから、実際につくってみて、現物を見せる。たとえば、新しくウェブサイトをつくるとき、最初からＨＴＭＬで構築してもいいけれども、パワーポイントで仮にインターフェイスをつくってみせて、こんな感じでやりますと説明すれば、すぐにイメージを共有できます。

よくありがちなのは、まずウェブサイトのコンセプトを考え、そこをしっかり固めてから、さあユーザーインターフェイスを考えましょうという順番ですが、それだと、ゴールイメージを共有できないから、かえって時間がかかります。先にインターフェイスの話をしていれば、そこから大きくブレることなく、ゴールまでたどり着けます。

サービスを利用するユーザーからすれば、インターフェイスの使い勝手と、そこにある情報が役に立つかどうかがすべてです。どんなコンセプトで設計されているかに興味はありません。つまり、インターフェイスから発想するというのは、そのサービスを利用するユーザーの視点に立つということでもあるのです。

人に聞くときは選択肢をぶつけてみる

プロトタイプをつくることにもリスクが伴いますが、いきなり最終製品を世の中に出すわけではなく、あくまでプロトタイプなので、リスクはきわめて限定的です。

顧客に何かを提案するとき、僕はよくオプションA、オプションB、オプションCのように三つの案を用意して、相手の反応を試します。「Cがいいね」ということになれば、それをベースに提案書を書き直す。最初から完璧な提案書をつくるのではなく、相手の意見を取り入れながら柔軟につくったほうが、結果として、顧客も喜びます。

いくつかのオプションを用意するのは、リスクを下げるためです。隙のない完璧な提案書をつくり上げても、その提案が通るとは限りません。却下されたら、提案書づくりに時間をかけた分だけ損失が膨らみます。

もっと身近な例では、上司からプレゼンテーションの資料をつくってほしいと頼まれたとします。徹夜してパワーポイントのアニメーションなども駆使して、クオリティの高い資料ができた。翌朝、上司に見せると、「こうじゃないんだよね」と却下される。そんな苦い経験をした人もいるかもしれません。

これも、いきなり完成品をつくろうとするから起きたミスです。徹夜する前に、簡単なスライドを三パターンつくって、どれがいいか上司に選んでもらう。見本を提示すれば、それを見ながら「基本はこのパターンで。あと、こんな要素を加えてよ」という具体的な指示がもらえます。選択肢を用意するというひと手間を加えるだけで、徹夜作業がすべてムダになるのは避けられたはずです。

相手に具体的な選択肢を提示して、あらかじめ選んでもらうというプロトタイプシンキングは、さまざまな場面に応用できます。

たとえば、専業主婦の奥さんが出かける前の旦那さんに「今日の夜はご飯いる？　カレーにする？　それともハンバーグ？」のように聞いておけば、「食べてくるからいらないよ」とか、「魚とかあっさりしたものがいい」とか、リクエストを引き出すこともできます。あらかじめ意思疎通ができていれば、食べると思ってつくったのに帰ってこない、というトラブルも回避できる可能性が高まります。お互いのためになるのです。

早く失敗してリスクを下げる

プロトタイプをつくるのは、失敗しないためではなく、むしろ、小さく上手に失敗するためです。グーグルでは、Fail fast（早く失敗せよ）という言葉がよく使われています。小さく上手に失敗しながら、その都度、軌道修正を図っていけば、大きくコケることはありません。自分の作業をムダにしないためにも、相手に複数の選択肢を与える行動パターンを身につけてほしいと思います。

最悪なのは、自分ですべて抱え込んで完成するまで誰にも見せないという姿勢です。これでは、最後の瞬間まで、その仕事が正しい方向に進んでいるかどうか、誰にもわかりません。仮に間違った方向に進んでいた場合、すべての作業がムダになるだけでなく、他の人にも影響が出てしまうかもしれません。

たとえば、納期が一カ月後の仕事で、一カ月間丸々ひとりで抱え込んで、ギリギリになって成果物を提出してきた場合、仮に方向性が間違っていたら、取り返しがつきません。

だから最初の数日間でいくつかプロトタイプをつくってみて、上司の確認を取る。メンバーの反応を見る。そのうえで、一週間ごとに進捗を報告する。こまめにコミュニケーションをとっておくことで、全部ムダになるリスクを下げることができます。

わからなければ、人に聞く。ただ聞くよりも、選択肢をいくつか用意して聞いたほうが、さらに具体的な指示がもらえる。そのほうが、結果的に仕事の質もスピードも上がり、大きな成果生むことができるはずです。

第4章

デジタルリーダーシップ

テクノロジーを味方につける

テクノロジーの進化と無関係ではいられない

現代は、最新テクノロジーの動向を無視してビジネスを展開することが難しくなっています。

あらゆるものがインターネットにつながるＩｏＴ（モノのインターネット）の流れは電力、通信、家電メーカーなどを巻き込んで進んでいますし、自動運転、スマートカーの開発では既存の自動車産業のみならず、グーグルやアップルなどがしのぎを削っています。さらに、グーグル傘下のDeepMindが開発した囲碁ソフト「AlphaGo」が人類最強と言われた韓国のイ・セドル九段を破ったことに象徴されるように、人工知能とそれを搭載したロボットがいよいよ本格的に人間の活動に取って代わる時代が始まりつつあります。

テクノロジーのトレンドに疎《うと》いと、リーダーシップを発揮しようにも、取れる選択肢の数が減ってしまいます。急激な変化の中で成果を出すためには、時代の一歩先を読み、テクノロジーを味方につけるマインドが求められるのです。

最新のトレンドを押さえるには

では、テクノロジーを味方につけるには、どうすればいいのでしょうか。

当たり前のことかもしれませんが、毎日テクノロジーの情報を浴び続けることが大前提です。経済誌や業界紙、ネットニュースなどを見て回る。気になるキーワードは、ニュースアプリなどでキーワード登録しておけば、関連ニュースを見逃す心配もありません。普段から関心を持ってアンテナを張り巡らせておけば、必要な情報は自ずから手に入ります。

また、家電量販店の旗艦店に定期的に足を運んだり、話題のアプリやウェブサービスをいち早く試したり、最新のガジェットを手に入れて使ってみたりして、つねに情報をアップデートしておく必要があります。

「流行りものなんて自分には関係ない」「いまさら新しいサービスを試すなんて面倒臭い」「最新機種など自分には使いこなせない」と思って遠ざけた瞬間から、時流に乗り遅れ始めるのです。いったんトレンドを追うのをやめてしまうと、もう一度キャッチアップするのはなかなか難しい。あっという間に取り残されてしまいます。

たとえば、若者向けのウェブサービスを開発・運営しているのに、自分は使ったこともなければ、登録さえしていないというのでは、的確な判断は下せません。どんなインターフェースなら使いやすいのか、どんな情報があれば役に立つのか。自分なりの判断基準を持つためにも、普段からそうしたサービスに慣れ親しんでおく必要があります。

プログラミングのスキルは必須ではない

念のため言っておくと、テクノロジーを味方につけるために、いまからプログラミングをマスターせよとか、最先端の科学を専門レベルで学べ、という意味ではありません。最低限、あくまでユーザーとしてテクノロジーのトレンドを押さえておきましょう、世の中に与える影響について知っておきましょう、ということです。

しかし人間は年齢が上になるほど、考え方が保守的になりがちで、最新のテクノロジーを敬遠するようになります。特に、年功序列型の日本企業では「年齢が上＝ポジションが上」というケースがほとんどなので、決定権を持った人ほど、古い考えに凝り固まっている可能性があります。

たとえば、新聞や雑誌などをはじめとした既存のメディア業界は、紙媒体から脱皮して、デジタル化、オンライン化しなければ生き残れないことは、誰の目にも明らかです。

しかし、記事のクオリティを維持しつつ、オンラインサービスでいかにマネタイズするか、どの媒体もいまだに模索中です。

ところが、「自分は紙しか読まない」「紙のほうが読みやすい」と言ってはばからない人もいます。ようやく普及しつつある電子書籍にも、否定的な人がたくさんいるようです。自社サービスも使いこなせない人たちに、デジタル化、オンライン化の先導役を期待するのは無理があります。

極端な話、いまはどんな業界でも、テクノロジーの動向を見誤ると、生き残れない。それがわからない人は、リーダー失格です。

テクノロジーと友達になる

僕自身、便利なもの、時間やコストが削減できる効率化グッズが大好きで、新しいものはいち早く導入しています。

電子書籍がまだあまり普及していなかった数年前、紙の本をスキャナーで読み取ってPDF化する「自炊」が流行りましたが、僕も自分が持っていた本を全部「自炊」してパソコンに取り込みました。もっと生活に密着したもの、たとえばキッチンやトイレで使うグッズでも、何か便利なものがあれば、すぐに買います。

なぜかと言うと、テクノロジーは、自分の脳や身体のエクステンション（拡張）のようなものだからです。

たとえば、僕が持っているiPhoneの容量は128GBです。しかし、僕が初めて買ったノートパソコンはメモリが4GB（1024MB＝1GB）しかなくて、1・6MBのフロッピーディスクがついていました。いまは容量もスピードも当時とは比べものにならないし、スマホが一台あれば、ネット接続で何でもできます。いつでもどこでも情報収集できるし、勉強も、読書も、音楽もこれ一台でOKです。写真や動画を撮ったらその場で編集して、すぐに人に送ることもできます。

テクノロジーによってこれからの人生がどれだけ変わるか、スマホを使ったことがなければ、実感するのは難しいでしょう。手に入れて、実際に触ってみることで、いろいろな気づきが得られます。そこに新しいビジネスのヒントが見つかるかもしれません。

文系だから、営業だからは言い訳にすぎない

カフェやレストランでも、店員さんがiPadを持ってきて注文を取る時代です。自分の会

社はアナログ専門だからといっても、いまは広告やマーケティングの世界でデジタルを使わないことはあり得ません。つまり、モノやサービスを売っている限り、どの業界であっても、デジタルを無視することはできないのです。

自分はエンジニアではなく、営業だから、テクノロジーは関係ないと思っている人もいますが、営業の人も本当のライバルはオンラインショップかもしれません。そして、ネットの世界はどんどん自動化されて、人手はあまりかからない。デジタルなんて自分に関係ないと思っていると、ある日突然、アルゴリズムや人工知能に仕事を奪われてしまうかもしれない。いまの世の中、デジタルと無関係でいられる人はいないのです。

既存の仕事のやり方を根本から覆す破壊的イノベーションは、ある人にとってはチャンスですが、いままでそれを仕事としていた人にとっては大ピンチです。時代の流れを読んで生き残るためにも、関係ないでは済まされない。文系理系に関係なく、誰もがテクノロジーについて知っておく時代が訪れたのです。

テクノロジーは問題解決の手段

テクノロジーは何のために発展するかというと、世の中にあるさまざまな問題を解決するためです。面倒臭いことをなくすためにテクノロジーがある。

自分がいちばん苦手な作業、最もやりたくないことをテクノロジーが代替してくれる。いままで一日かかっていた作業を一時間で終えられるようになる。そう考えると、テクノロジーが急に身近になるのではないでしょうか。

つまり、ラクをしたければ、たいていテクノロジーを導入したほうが速いのです。パソコンがなかった時代の仕事のやり方を考えれば、わかるはずです。何をするのも、ほとんど手作業でやっていたのですから。

逆に、テクノロジーを使わないと、非効率で無駄な作業を延々と続けることになります。一日かかる仕事はいつまで経っても一日仕事のまま。最新のテクノロジーを導入したライバルたちが空いた時間で創造的な仕事をする中で、ひたすら生産性の低い単純作業をしていれば、競争力はどんどん低下するでしょう。これでは勝負になりません。

いちばん出来の悪い人が基準になる

新しいテクノロジーを使うかどうかは個人の好き嫌いの問題だという人もいるかもしれません。しかし、チームで仕事をする場合は、そうとばかりは言えません。

たとえば、チームのスケジュール管理ひとつとっても、メンバー全員の予定を一元管理できるクラウドサービスを使えばラクだし、進捗を報告するだけの単純な会議をなくすこともできます。しかし、「僕はそういうのは使えない」という人が一人でもいれば、メールで知らせたり、場合によってはわざわざ紙で出力して配布したりして、手間が増えてしまいます。

最悪なのは、上司が「そういうのは使えない」というケースで、チームリーダーがテクノロジーに対して理解がないと、新しいシステムを導入することさえ難しい。その結果、時代遅れで非効率なシステムをずっと使い続けることになりかねません。

つまり、オフィスで新しいテクノロジーを導入するときは、いちばん出来の悪い人が基準になってしまうのです。使いこなせない人が一人でもいれば、システムを導入するメリットが失われてしまうからです。そんな人にも使い方を教え、チーム全体の効率を上げていこうと思ったら、テクノロジーへの最低限の理解や知識は欠かせないのです。

外部サービスを上手に取り入れる

もう一つ、特に日本企業で目立つのは、厳しすぎるセキュリティ意識です。これだけクラウドサービスが普及しているのに、会社の中でなければ、データベースや作業中のファイルはおろか、メールさえも見られないというケースが少なくありません。

ところが、システム開発も、運用・保守もすべて自社でまかなおうとすると、非常にコストがかかります。それに、いったん自前でシステムを用意してしまうと、新しい技術が登場しても、それを取り込むのは容易ではありません。全部外部のクラウドサービスに任せてしまったほうが、はるかに効率的で、コストも手間もかからず、ソフトの更新手続きも簡単です。

外部のサービス同士は熾烈な競争を繰り広げているので、サービスの質も向上するし、新しい技術もどんどん取り込んでくれます。セキュリティについても、古くなった自社サーバーと、つねに更新されているクラウドサービスのどちらが安全・安心か、ちょっと考えればわかるはずです。安全であるはずの自社サーバーが障害を起こして、メールも業務もストップしたという笑えない話もあります。

会社やパソコンに縛られない働き方

いまはスマホがあれば、たいていのことはできます。スマホはつねに持ち歩いているから、いつでもメールは見られるし、いまは個人個人のつながりは、メールよりもＬＩＮＥやフェイスブックのメッセンジャーのほうが一般的かもしれません。会社より先に、プライベートで新しいアプリやコミュニケーションツールを使っている人も多いでしょう。だいたい、この手のサービスを会社で導入するのは、普及してから一、二年後になるようです。

たとえば、会社でもＬＩＮＥを使ってコミュニケーションをしようということになると、実は、導入コストは驚くほど安く済みます。たいていの人はすでに使っているので、教育コストはかからないし、アプリ自体はただでダウンロードできるからです。外部サービスを導入したほうがコストはかからないのが普通です。

会社のデータも、ノートパソコンも社外に持ち出せないということになると、リモートオフィスも在宅勤務もできません。もちろん、パソコンを紛失したり、データを盗み取られる危険はありますが、それなら最初から、パソコンにデータを保存できないようにすればいいのです。

たとえば、グーグルのノートパソコンChromebookなら、ハードドライブにデータを保存したり、USBメモリなどの外部ストレージにデータをコピー＆ペーストしたりするのを禁止することができます。データはすべてクラウド上に置いておいて、パソコンは作業するだけという設定にしておけば、万が一、パソコンをなくしたり、盗まれたりしても、データを抜き取られる心配はありません。さらに、システム管理者が紛失したパソコンからのアクセスを禁止すれば完璧です。

社外秘の大事なデータほど、個々のパソコンで管理するよりも、クラウドで一元管理したほうがリスクは低いということを、理解してほしいと思います。最初からそういう設定にしておけば、余計な心配はいりません。

パソコンさえもいらなくなる時代

テクノロジーの進化はとどまることを知りません。メインフレームの時代から、パーソナルなコンピュータが出てきて、いまはスマホの時代です。物理的なキーボードすらありません。

若い人たちを中心に、パソコンを持っていない人が増えています。スマホで何でもできるから、パソコンはいらないというのです。もともと持っていないから、当然、ブラインドタッチもできないし、エクセルも、ＰＣメールも使えません。

日本の一〇代、二〇代のパソコン普及率は国際的に見ても低いという調査もあります。プログラミングはおろか、ブラインドタッチをマスターするための集中講座を用意している大学もあります。

それを「イマドキの若者は使えない」と非難する人もいますが、むしろ、彼らは新しくてより便利なテクノロジーに最適化しているだけではないかという見方もできます。

すでに高速フリック入力で、大学のレポートのような長文もスマホで書くほうが速いという人が出てきています。もっと言えば、この先、音声入力、音声による操作が主流になって、文字を入力するという作業自体がいらなくなるかもしれません。

先ほど述べたように、テクノロジーは本来、人生を便利にするためのものなので、便利になってパソコンやキーボードが不要になれば、それを使わないという選択も当然あり得ます。

テクノロジーを自社に取り込む

人工知能やロボット、ビッグデータ、ＩｏＴ、FinTech（ファイナンスとテクノロジーの造語）、ドローン、自動運転、宇宙開発、バイオテクノロジー、パーソナルゲノム医療など、僕たちの生活を大きく変えてくれそうなテクノロジーの潮流はいくつもあります。

たとえば、世界最大級の投資銀行、ゴールドマン・サックスは、自らのブランドをテクノロジー企業として再構築し、九〇〇〇人規模のＩＴ部門をつくり上げました。フェイスブックよりもハイテクと言われるようになった同社は、テクノロジーを駆使したさまざまな金融サービスを行なう企業として進化していくでしょう。

自分の会社がいまはそうした最新のテクノロジーと直接関係なくても、この先、生き残っていくには、どこかの段階でテクノロジーの成果を取り込まなければいけません。工場はすでに自動化が進んでいますが、この先、ロボット技術や自動運転技術が発達すれば、農業や建設、物流のような肉体労働系の仕事にも、自動化の波が訪れます。

現在、外食産業で最も自動化が進んでいるのは回転寿司ですが、注文から配膳、お会計まですべて機械が行うレストランも近いうちに出てくるでしょう。サービスの形態も大きく変わってくるかもしれません。

また、スマートウォッチの登場で、個人のヘルスデータを簡単に収集できるようになりつつあります。体重計やトイレがインターネットとつながれば、さらに細かなデータも取れるようになるでしょう。その先に待っているのは、完全に個人に特化したまったく新しい形の医療です。

自前主義を捨てれば、世界が広がる

新しいテクノロジーが切り開く未来に対して、僕たちはどんな手を打てばいいのでしょうか。

自社でゼロからすべて開発するのは、時間的にもコスト的にも厳しいかもしれません。ただでさえ開発コストが膨らみがちな最新のテクノロジーで競争優位に立つためには、優秀なエンジニアを囲い込む必要がありますが、先行投資を進めている企業とまともに競っても、うまくいかないことが多いはずです。

では、諦めるしかないのかというと、そんなことはありません。そういうときこそ、技術を持った会社とコラボレーションすればいいのです。専門性の高い他社の技術を自社のサービスに取り入れる。そうすれば、スピーディーかつ安価に、最新のテクノロジーの恩恵を受けることができます。

たとえば、イギリスの国民保険サービスは、グーグル傘下のDeepMindと共同プロジェクトを組んでヘルスケアの問題を解決しようとしていますし、フォードモータースやトヨタ、ダイムラー、フォルクスワーゲンは、グーグルとコラボしながら自動運転の開発を進めようとしています。

ヒト・モノ・カネの制約がなくなる

さらに、デジタル化が急速に進んでいる現在は、他社とコラボのような大げさなことをしなくても、誰もが手軽にテクノロジーを自社に取り込むことが可能です。

僕がグーグルを卒業してから一年とちょっと経ちますが、最近、二つ目の会社を立ち上げました。一社目同様、特にオフィスはありません。サービスはすべて、ＷＥＢ上で完結するスタイルだからです。

立ち上げは、ソニーやリクルートの経歴のあるブラジル人と一緒に行い、チームにはシリコンバレーにいる日本人グーグル社員、フェイスブックで働くロシア系アメリカ人のエンジニアなど海外に住むメンバーもいます。開発はロンドンの会社に手伝ってもらって、ウクライナにいるデベロッパーと仕事しています。

関わるメンバーの住む場所は、ばらばら。世界中に散っています。働き方もさまざまで、たとえばグーグル社員のメンバーのように、会社の二〇％ルールを利用して僕の会社を手伝ってくれている人もいます。

デジタルで人とつながって、業務を回していくことができれば、場所も時間も働き方もどんどん自由になります。コストをかけずに、一緒に仕事をしたい人としたいことができる時代がやってきたのです。

そういう意味では、これから個人で何かを始めたい、という人にとってデジタルは非常に強い味方です。起業のハードルは今後もますます下がっていくことになるでしょう。

サービスの質が限りなく上がる

さらに、テクノロジーを積極的に取り入れることで、少人数で質の高いサービスを提供できるようになります。

この二社目は、人事ソフトのベンチャーなのですが、ウェブ上で顧客企業の社員のサーベイを行ない、最適なアクションプランを提供しています。その際、これらを実際に行なうのは、人間ではなく、独自のプログラムです。そうすることで、それまでの個人の経験や勘に頼ることなく、迅速に最適なアクションプランが提供できるのです。

こうして、顧客データやアクションプランの結果など、蓄積するデータの量や種類が増えれば増えるほど、それだけ分析の精度が上がり、サービスの質も向上していきます。データが増えても分析するのはプログラムですから、そのために人的コストが大幅に増えるということも特にありません。

テクノロジーで取れたデータは宝の山

デジタル時代のテクノロジーは進化すればするほど、大量のデータが取れるようになります。そのデータを使って、自社サービスの向上を図っていくのが基本中の基本です。

このため、いまは機械などのハードウェアよりも、データが高く売れる時代になりました。ビッグデータを解析すればビジネスの種が見つかるということで、どこもデータをほしがっています。さらに、データというのは、利用者の数が増えれば増えるほど、価値が

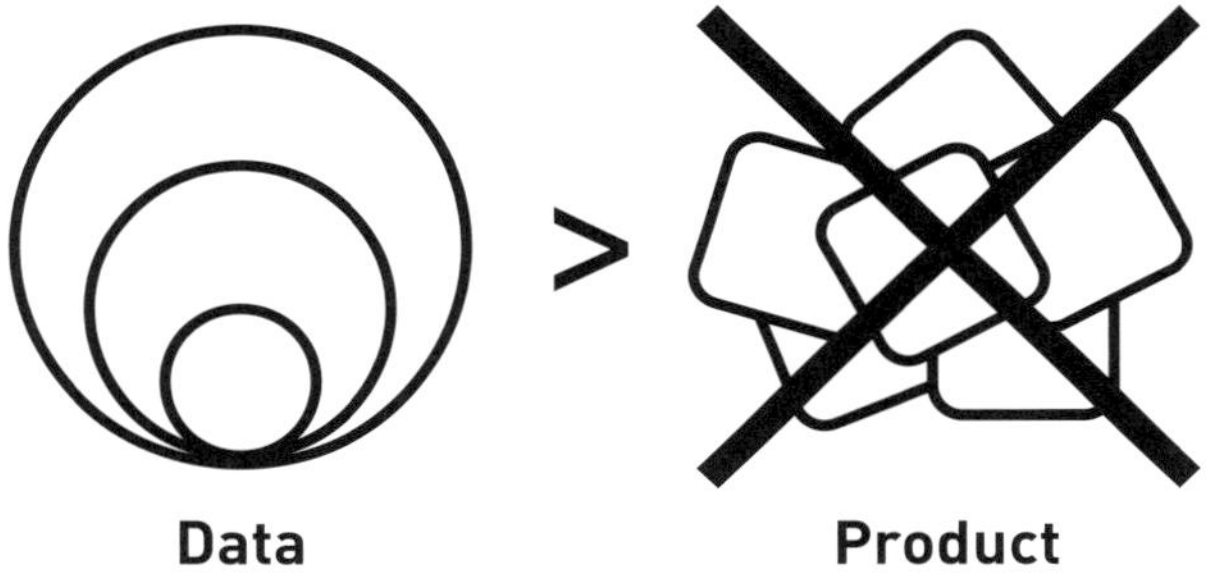

［モノよりデータの時代］
モノは短期間で陳腐化するが、データの可能性は無限。さまざまなビジネスの種になる

上がる。冒頭のヘルスデータでいうなら、医療機器メーカーや製薬会社が虎視眈々と狙っています。大事なのはデータです。データさえあれば、それを使って商売ができます。

そういう意味では、他社とのコラボレーションを行なう場合、特に注意しておきたいのが、どの部分を他社とコラボして、どの部分を自社で持っておくか、きちんと線引きをしておくということです。

テクノロジー企業と協業したときに、肝心のデータをどちらが持つことになるのか。システム開発と運用は任せるけれども、データは自社で取得・分析するというようにしておかないと、システムもノウハウもデータもすべて持っていかれて、自社には何も残らないということになりかねません。

第3章でも述べましたが、日本企業はハードをつくって売ることは上手でしたが、プラットフォームの運営やビッグデータの収集については、米国企業の後手に回っています。先にデータを集めたほうが勝つ世界になりつつあるので、そのあたりをしっかり考えておく必要があります。

第5章

ラーニングアジリティ

あらゆることから学んで使う

いつでもどこでも学べる人が成長する

リーダーシップを発揮するには、つねに学び、学んだことをすぐに応用できる機敏な動きが欠かせません。この「機敏さ」を英語で「アジリティ（agility）」と言います。

体格に劣る日本のサッカー選手は「アジリティ（俊敏な動き）」が武器です。ビジネスにおいても、機敏に学ぶことを武器に、勝負することは十分可能です。

ラーニングアジリティは、いつも貪欲に学び、学んだことをすぐに別のシチュエーションで使ってみる、ということです。

そのためには、何から学び、どのように学び、さらにはそれをどのようなタイミングで活かしていくのか。そういう一連の動きをつねに意識することが大切です。

僕はかつて、グーグルの組織としてのラーニングアジリティを高めるためのイノベーション・プロジェクトをリードしていたことがあります。そのときにまず出てきたのが、次の視点です。

いつでも、どんなことからでも、どんどん学ぶ姿勢を身につけるためのポイントは、三つあります。

①他人から学ぶ

一つは、他人から学ぶということです。いつもオープンマインドな姿勢でいれば、どんな会話の中からでも、新しい考え方、新しい知識を仕入れることができます。

よくありがちなのは、仕事にプライドを持つあまり、自分はその道のエキスパートで、誰よりも知識があるという思い込みです。しかし、それはたいてい間違っていて、自分が知っていることは限られています。

人間は、誰からでも学べます。部下から学ぶ。同僚から学ぶ。上司から学ぶ。社外の人から学ぶ。専門分野の外へと視野を広げていけば、毎日まわりから多くのことを学んでいけるはずです。

そのためには、まず相手に関心を持つこと。そして、相手の言葉に謙虚に耳を傾けることです。この人はこういう人だという先入観を持たず、毎回新鮮な気持ちで相手と接していれば、あらゆる機会を通じて、自分の知らなかったことを学ぶことができます。

②経験から学ぶ

二つ目は、経験から学ぶことです。

経験からの学びを加速するには、リスクを取って、自分ができないこと、慣れていないことをあえてやってみることです。

毎日やっているルーティンの世界は、言ってみれば、安全地帯です。意識して安全地帯から一歩出てみる、普段とは違う環境に身を置いてみることで、新しい刺激を受け取ることができます。それによって、どんどん経験を積み重ねることができます。

普段とは違うことをするといっても、おおげさに考える必要はありません。僕はよく「エクスペリメント（実験）」と呼んでいますが、毎日同じ時間、同じルートで通勤しているなら、たまに一時間早く電車に乗ってみる。ひと駅手前で降りてみる。違う路線で行ってみる。たったそれだけのことでも発見があるはずです。

いつもとは違う話し方をするのも、僕がよくやるエクスペリメントの一つです。普段は優しく話しかけているのに、少し怒ったふりをしてみる。いつもはずっとしゃべり続けている人が黙ってみる。そうすると、相手からはいつもとは違った反応が返ってきます。

数字が苦手という人は、エクセルを使ってあえて数字の分析に取り組んでみる。お気に入りのレストランで、いつもとは違ったメニューを頼んでみる。そうやって試してみると、いつもとは違う何かが起きます。それが新たな発見につながるのです。

投資の世界で「ハイリスク・ハイリターン」と言いますが、日々の仕事でも、より大きなリスクを取って新しいことにチャレンジすれば、それだけ大きなリターン（学び）を得られる可能性があります。もちろん、それだけリスクが高ければ、失敗する可能性も高くなりますが、失敗からも学べるのが人間の強みです。

料理もレシピ通りにつくるのが好きな人と、毎回自分なりにアレンジして、新しいことにチャレンジするのが好きな人に分かれます。前者はどちらかと言うと職人気質で、失敗を恐れるタイプ。後者は失敗よりも楽しさを優先するタイプで、オリジナルな料理を創作することにこだわりがあります。さまざまな場面に応用できる経験を積むという意味では、後者のほうが有利です。

もっと長いスパンで考えると、自分のキャリアの中で、将来こういう人になりたい、こういう仕事がしたいという目標がある場合、それに沿った経験を積むというのも大事です。五年後、一〇年後の自分のイメージから逆算して、一年目にはこれだけやっておこう、二年目にはここまでたどり着いていたい、というように、やっておくべきことを長期的な計画の中に位置づける。段階を追ってステップアップすることで、数年後にはかなりの高みに到達できます。

③振り返りから学ぶ

三つ目は、リフレクション、つまり振り返りから学ぶことです。

振り返る機会を増やすことはとても大事です。英語では、「reflection before action, reflection in action, reflection after action.」と言って、振り返るのはやった後だけではありません。何か行動する前にも、行動している最中にも、そしてもちろん行動した後からも、その行為について考えを深めることができます。

たとえば、誰かとミーティングをする前に、前回のときの会話を振り返って、今回はどんな打ち合わせにしようかと考える。僕の場合は、会議のテーマやアジェンダを決めるというよりも、こんな雰囲気にしたいとか、こういう反応が返ってくるようにしたいとか、そういう空気をイメージすることが多いです。

実際にミーティングが始まってからは、いま目の前で起きているのが望ましい状態なのか、そうでなかった場合は、どういうふうに会話の方向性を変えればいいか、話しながら考えます。ミーティングが終わったら、どこがよかったのか、逆にどこが想定外だったのかを考えます。今日交わした会話を全部もう一回思い起こしてみるというのもアリです。

つまり、つねに振り返る。いつでもどこでも反省・反省・反省の繰り返しです。そこまでやってはじめていろいろなことが身につくのです。ただし、反省といっても、ネガティブな意味ではありません。「次はこうしてみよう」という対策とセットで、前向きに、ポジティブに振り返るのが大事です。

ミーティングに限らず、同じように、自分が関わっているプロジェクトや仕事について、一週間、一カ月、四半期、一年という区切りで定期的に振り返るというのも、学びを深めるためにもとても大事な習慣です。

学んだことを別の場面で使ってみる

他人から学び、経験から学び、振り返りから学ぶ。誰からでも、どんなことからでも学びを得る。学んだことをすぐに別のシチュエーションに応用する。それがラーニングアジリティの本質です。

たとえば、サッカーで学んだことをビジネスに持ち込む。会社で学んだ人間関係を夫婦関係に置き換えてみる。人材育成の考え方を子どもの教育に応用する。ただ学ぶだけでなく、別のシチュエーションで使うところまでがセットです。実際に使ってみる経験が、さらに人の成長を加速します。

グーグルでも、ラーニングアジリティの考え方を人材育成に取り入れています。特定の人とだけ付き合うのではなく、いろいろな人たちと接点を持ち、対話やエクスペリメントを通じて、お互いに深い信頼関係を構築する。そうして得た経験を振り返りながら自分のものにしていけば、個人も、組織も、どんどん成長していきます。

専門知識から人生の意味まで

日本で「ラーニング」と言うと、英語の「スタディ」、つまりテキストを用いて専門知識を習得する学習に近い感じがありますが、ラーニングアジリティはもっと広い概念です。目の前で起きているどんな些細なことも見逃さず、何でも試してみて、すぐに覚える。まだ凝り固まっていない子どものような柔軟さと、何にでも興味を持つ旺盛な好奇心。求められるのはむしろ、子どもの視点です。

子どものときは何を見てもおもしろいし、すぐに真似をしてみます。「初心忘れるべからず」で、はじめてそれを見た子どものように、一見ありふれた日常の中からでも吸収しようという姿勢が、ラーニングアジリティを高める第一歩です。

たとえば、僕は飲み屋に行くと、よく知らない人に話しかけます。「あなたにとって、人生の意味は何ですか？」と聞くと、そこからいろいろな話が聞けます。人によって生きる意味は全然違って、三〇分くらいずっと語り続ける人もいれば、哲学的な命題を持ち出す人もいます。なかには「意味なんてない」と平然と言い切る人もいます。

生きることの素晴らしさを説く僕の友人の恩師は、「自分が右に曲がる。それ自体が素晴らしい経験だ」と言ったそうです。自分の身体を動かして右に曲がる。曲がった先には新しい世界が広がっているかもしれない。その瞬間、その瞬間を味わい尽くす。そういう生き方もあるのです。ちょっと謎めいて禅的でもあります。

こちらが好奇心を持って聞けば、いろいろな人がいろいろな答えを返してくれます。そういう経験の積み重ねが、自分の幅を広げてくれるのです。

意識を集中すべき三つの瞬間

こうして日々の学びを仕事に活かす「ラーニングアジリティ」こそ、自身がつねに成長を続けながらよりよい成果を上げていく素地をつくってくれます。

ただし、いま学んだことを、別の場面に応用するというのは、実はかなりクリエイティブな頭の働きです。何か新しい問題にぶつかったとしても、「あのときの経験が使えるな」と思いつかなければ、そのやり方を試すことはできません。

同じことを経験しても、それを活かして意味ある結果につなげられる人、つなげられない人、その違いはどこからくるのでしょうか。

第9章で紹介するマインドフルネスとも関連しますが、ただぼんやりとやり過ごすのではなく、その瞬間、その瞬間に注意を払う。きちんと意識を向けることによって、そこに何らかの結果をもたらすことができるようになります。

意識を集中させるべき「大切な瞬間（英語で moments that matter）」は、三つのタイプに分かれると僕は考えています。

一つは、「相手に反応する瞬間（moments we respond to）」です。挨拶されたり、質問されたときに、何も反応しなければコミュニケーションが成り立たないし、誰かからクレームが入ったり、何かを依頼されたりしたら、無視するわけにはいきません。人から働きかけられて、何らかのリアクションをとらなければいけない。そういう瞬間に意識を向けるということです。

二つ目は、「自分から働きかける瞬間（moments we create）」です。先ほどとは逆に、自分から挨拶したり、質問したりすることを指します。自分からメールを送ったり、誰かに何かをお願いしたり、文句を言ったりする。自分でイニシアティブを取って、ポジティブな意図を持って相手に働きかけるときです。こちらからアクションを起こすわけですから、自然と意識が向かうはずです。

三つ目は、「上に引き上げる瞬間（moments we elevate）」です。エレベーターの「エレベート」で、何もないところから始めて上のほうに持ち上げるイメージです。二つ目の「自分から働きかける瞬間」に似ていますが、もっと能動的に「よりよい状態を目指そう」というアクションです。

たとえば、会社で会った人が暗い顔をしていたら、「こんにちは」と声をかけるだけではなく、一歩踏み込んで「どうしたの？　元気ないじゃん」と聞いてみる。そこから「ピョートルさん、ちょっと時間いいですか？　実は……」と相談が始まるかもしれません。

単純なことのように見えて、そういうちょっとしたきっかけがメンバーを手助けすることになる。たったそれだけでチームの人間関係がよくなることはよくあることです。

普段からメンバーの様子をよく観察して、ちょっとした変化を見逃さずに話しかける。小さな変化に気づくことができれば、大きなミスを未然に防ぐことにもつながります。

せっかくのチャンスをスルーしない

人と接するときにどういうふうに関わりを持つか、僕たちにはいろいろな選択肢があります。組織やチームの中で、自らの学びを上手に活かすためのポイントを一〇個、ご紹介しておきます。

まず、「存在感（presence）」。どんなシチュエーションでも、相手と接点をつくるには、まず自分の存在を認めてもらう必要があります。

次は「共感（empathy）」。相手の立場に立って考える。その人にとってのゴール、目的は何か。人生で何を望んでいるのかということを考えながら、サポートします。

続いて「先読み（foresight）」。相手にとって、いま必要なのは何か。相手のこの先のキャリアを考えたときに、いまやっておくべきことは何か。そういうことを考えながら、質問をしたり、アドバイスしたりします。

そして「確信（conviction）」。誰も言わないような意見でも、自分がこうだと信じたことを伝えれば、相手にとっては重要なヒントとなるかもしれません。ＫＹ（空気を読まない）な意見でも、場合によってはきちんと口にする必要があるということです。

また「勇気（courage）」。これを言ったら、もしかしたら怒られるかもしれないということでも、本当に相手のためを思うなら、勇気を出して言ってみる。自分にとっての安全地帯から一歩踏み出せば、相手との距離をグッと縮められるかもしれません。

それから「当事者意識（ownership）」。この問題は自分には関係ないと放り出すのではなく、自ら責任を持ってコミットする。他人事ではなく、一〇〇％自分事として考える。そういう姿勢で相手と接するということです。

さらに「直感（intuition）」。何かを思いついたときに、表面的に終わらせるのではなく、なぜそう思ったのかを掘り下げる。リクルートには「なぜ?」「なぜ?」「なぜ?」と聞く文化がありますが、「なぜ?」を繰り返すことで、直感的なひらめきを分析して、建設的な意見に集約します。

そして「独自性（originality）」。人によって立場が違うので、その場の空気を読まず、あえてルールを壊すような発言をしたら、別々の反応が返ってきます。それをうまく導き出して、次のアクションにつなげます。

続いて「好奇心（curiosity）」。相手のことをもっと知りたいから、質問し続けるわけです。「なぜ?」「なぜ?」「なぜ?」と繰り返すのも、相手に対する好奇心から出てきた質問です。

最後に「枠組み（framing）」。違う立場から物事を眺める。反対側から見てみたり、将来から逆算してみたり、客の視点、競合他社の視点、第三者の視点など、さまざまな視点から見てみることで、質問のしかたも変わってきます。

普段からこれらのポイントを意識しておけば、ことあるごとに周囲と信頼関係を深め、どんどんリーダーシップを発揮していけるようになります。

わからないことは何でも聞いてみる

学ぶというとき、日本人によく見られるのが、一方的な受け身の姿勢です。何か新しいことを始めるとき、メンター役の先生の下について「教わる」という学習スタイルを、職人好きの日本人はよく取り入れます。ヨガならヨガの先生につき、ピアノならピアノの先生に教わる。師匠と弟子、先生と生徒という一方通行な関係性です。

しかし、ラーニングアジリティでは、先生は一人ではありません。まわりの人全員が先生になり得ます。Aさんは X が得意だからそれを学ぶ。Bさんは Y に詳しいからそれを教えてもらう。Cさんは Z のやり方がおもしろいからそれを真似る。そうやって、あらゆる機会を通じて、自分の知らないこと、興味を持ったことを取り入れていきます。

先生といっても、師匠と弟子のような上下関係ではないので、気軽に教えてもらえばいいし、相手が何か聞いてきたら、自分が教えられることはどんどん教えてあげればいいのです。上司、部下、所属部署、お互いの立場を気にして教え合えないのは、非常にナンセンスだし、もったいないと思います。

たとえば、僕はエクセルが大嫌いだったけれども、部下がエクセルを使いこなしていたので、「このショートカット、教えて」と聞いているうちに、みるみる上達しました。スキルが上がって苦手意識がなくなると、エクセルを使うのが楽しくなる。いまでは自分でいろいろ工夫して使っています。

詳しい人はすぐそこにいる!?

わからなければ、まず人に聞く。聞くほうが早いからです。ネットでちょっと調べてすぐに答えが出ないようなテーマについては、身近にいる詳しい人にどんどん聞いてみることです。特に、グーグルのようなハイテク企業にいると、そのネタにいちばん詳しい人は同僚だったというケースが少なくないので、どんどん質問する文化が根づいています。

グーグルは、グーグル社員がグーグル社員に教えることを推奨しています。外部の研修サービスを利用したり、外部から講師を招いたりするのではなく、G2G(Googler to Googler)といって、社員教育の九割は社内の人材が担当しています。たとえば、営業スキルは、営業が得意な営業マネジャーが教えたほうが合理的だし、マネジメントスキルはいちばん評価が高いマネジャーが教えるのがいいわけです。

グーグルでは人のつながりをつくることが評価されるので、各種のサークル活動も盛んです。生け花が得意な人が生け花クラブをつくったり、ダンスが好きな人がダンスクラブをつくって、自分で教えたり、仲間に教えてもらったりするのです。

社員は自分が得意なこと、自信のあるスキルを登録して、つねにアップデートしておきます。また、自分が学びたいスキルも書き込んでおきます。プレゼンテーションに自信がある人と、プレゼンテーションのスキルを学びたい人がうまくマッチングすれば、お互いに連絡を取り合って、直接教えてもらうことができます。

社員同士で教え合う仕組み

大企業にはたいてい何らかのラーニング・マネジメント・システム（LMS）があって、どんな研修コースがあるか、検索できるようになっていますが、グーグルの場合は、検索すると、そのスキルを教えることができる社員の顔写真が並びます。

そこですぐに、オンラインチャットで「私はプレゼンテーションのやり方を学びたいので、教えてくれませんか？」と話しかける。オフィスが離れていたら、ハングアウト（相手の顔を見ながらコミュニケーションできるビデオ通話システム）でやりとりすれば、自分の席にいながらにして教えてもらうことができます。

グーグルでは、何かを知りたい、学びたいと思えば、誰にでも連絡して教えを請うことがよしとされています。これはグーグルの最良の文化の一つだと思います。

新しいプログラミング言語について知りたい、長いレポートを書くときのコツを知りたい、プレゼンテーション資料のつくり方について教えてほしい。はっきりした意図を持って相手にコンタクトをとれば、よほどのことがない限り、親切に教えてくれるはずです。

たとえ忙しくても、「ぜひ手伝いたいのですが、今日は会議が入っているから、明日はいかがですか」といった具合に、時間調整してくれる。なぜかと言うと、自分が教えるだけでなく、いつ教えてもらう立場に立つかわからないからです。

一対一の関係なら、交換で教え合うということもあります。たとえば、語学はギブ＆テイクが成り立ちやすい分野です。米国から来た社員が日本人に英語を教える代わりに、日本人が日本語を教える。これなら、どちらかが一方的に時間をロスすることはありません。

グーグルにも研修プログラムはありますし、外部から講師を招くこともありますが、人事部の役割は研修プログラムを用意するというよりも、プラットフォームをつくることです。人と人とがつながる場があれば、中身は社員同士が自発的に考えるというのが、グーグルらしいやり方です。

質問しやすい文化をつくる

グーグルには勤務時間の二割は本業以外のことに使っていいという「二〇%ルール」もあり、人と会って意見交換することが大事な仕事だという共通認識があるので、学び合うことについては上司も応援してくれます。

そういう文化を大切にしているから、わからないことは誰でも質問しやすい雰囲気があるし、聞かれた人も喜んで答えるのです。わからなければ、わかるまで質問をやめないくらいしつこくても、それほど嫌がられません。むしろ、あの人は学ぶことに貪欲だと評価されることが多いかもしれません。

人間が集まれば政治が生まれるのは当然で、社内政治があることは否定しませんが、社員同士はライバルである以前に、何でも教え合う仲間であるという文化があることで、風通しのよい組織になっています。

一方、まわりの人に何か聞いても、「そんなことは自分で調べろ」「いま忙しいから後にしてくれ」という反応ばかり返ってくると、誰も気軽に質問しなくなります。質問を通じて他人から学ぶことは、ラーニングアジリティの大事な要素の一つなので、もっとオープンな姿勢でいたいものです。

ランチタイムを上手に活用する

グーグルが社食に力を入れているのは有名ですが、単なる福利厚生のためだけではありません。一緒にランチをしたり、コーヒーを楽しんだりすることで、自分のチームのみならず、別のチームの人たちとも交流を深めることに価値を見出しているからこそ、豪華なカフェテリアを自前で運営しているのです。

自分でイニシアティブを取り、社内のさまざまな部署の人と接点をつくって学んでいくことが、グーグルでは高く評価されるので、社員は毎日のように、別々の人たちとランチをとる予定を入れています。それによって、どのチームがどんな仕事をしているか、どこに何の専門家がいて、誰がどの分野に強いのかといった情報が集まってきます。自分の発案でプロジェクトチームを立ち上げるとき、そういう人脈がモノを言うのです。

聞くところによると、日本企業では、隣のチームが何をしているか、まったく知らないことも珍しくないそうです。関係ないから興味がない。興味がないから聞こうともしない。ランチもいつも同じメンバーで食べるだけで、毎日とっかえひっかえ別々の人と食べるのは、あまり一般的ではないようです。これは、とてももったいないと思います。

質問力を高めて学ぶ

グーグルには何でも聞く文化がありますが、だからといって、何でも教えてくれくれの〝教えてちゃん〟になってしまうと、相手の時間を無駄にしてしまうことになりかねません。

質問するときにもコツがあります。まず自分の持っている情報を整理して、何がわからないかをはっきりさせること。ちょっと調べてわかることなら、それでよし。答えが得られなくても、ここまではわかるけれど、ここからがわからないという線引きが明確になっているだけで、答える人も質問する人のレベルが把握できて答えやすいのです。

さらに、目的がはっきりしているときは、自分なりに仮説を持って相手にぶつけてみることです。ただ質問するだけではなく、「私はこう思いますが、どうですか?」「自分で三つの選択肢を考えてみたのですが、どれがいいと思いますか?」のように質問すれば、自分自身の理解度も上がりますし、相手もあなたの意図に沿った答えをしてくれる可能性が高まります。要するに、事前に下調べして質問内容を準備しておいたほうが、より建設的な議論ができるということです。

また、質問する相手のことも調べておくと、会話がスムーズに運ぶかもしれません。たとえば、マーケティング部門の人に質問するときに、最近の自社の広告をチェックしておいて、それについての感想を伝えたり、こんな媒体に露出すると効果があるかもしれないと提案したりして、相手の仕事に興味があるという姿勢をアピールすれば、聞かれた人も喜ぶはずです。これも、上手に学ぶためのテクニックの一つです。

第6章

コミュニティリーダーシップ

人と人をどんどんつなげる

誰もがコミュニティをつくれる時代

フェイスブックをはじめとしたＳＮＳの普及で、直接の知り合いだけにとどまらず、リアルな世界では知らない人同士がつながり、情報をシェアしたり、さまざまなテーマについて意見交換したりすることが当たり前になってきました。

その結果、新しくコミュニティをつくることが劇的に簡単になりました。ＳＮＳのグループ作成機能を使えば、誰でも、自分の趣味や関心領域についての仲間を集め、コミュニティをつくることができます。

たとえば、震災の影響で、被災地に多くのペット犬が取り残されていたとすると、イヌ好きの人たちがサポートグループを立ち上げて友達を誘い、その友達が友達を誘い……、ということを繰り返せば、すぐに数百人単位のコミュニティができてしまいます。

いったんそういう場ができれば、現地に行って迷子の犬を探すボランティアを募ったり、飼い主が見つからなかったときは引き取り手を探したり、活動資金を集めたりすることができるかもしれません。

デジタルでどんどんつながる力

人々をつなげれば、一人ではできなかったことができるようになります。それによって、社会をよくすることもできます。自ら手を挙げてコミュニティをつくるというのは、現代のリーダーシップに欠かせない要素になってきているのです。

グーグル社内でも、SNSサービスの「Google+（グーグルプラス）」のコミュニティ作成機能を使って、趣味のサークルをつくるということが頻繁に行われています。

たとえば、ヨガが好きで、ヨガのクラブを社内で立ち上げる。社内ネットで声をかけて同好の人を集め、場所（会社のレクリエーションルームなど）を借りて、週一回のペースで始めてみる。人数が増えたら、お金をかけてプロのインストラクターを呼んでもいいでしょう。そういうことを、思いついたらすぐに始められるのがネットの強みです。

仕事の後で、生け花クラブをつくって集まったり、ダンスクラブで汗を流したりして、新しいコミュニティをつくる。職場でもプライベートでも、ある目的のために人を集めて、新しいムーブメントをつくるというのは、リーダーシップのあり方の一つです。

自分でトレンドをつくる人がいちばん強い

こうして同じ趣味を持った人が集まるコミュニティは、仕事のチームとはまったく別の論理で動きます。

自分が好きで参加しているだけに、モチベーションが非常に高い。どんどん深掘りして最新の理論を紹介する人もいれば、その道の専門家を招き入れてレベルアップを図る人も出てきます。お役立ち情報やちょっとしたライフハックをアップデートする人、便利なツールを仕入れてくる人、好きだからこそ、みんな喜んで情報をシェアしようとします。

そこにくれば、仲間もいるし、ネタにも困らない。グッズやイベント情報なども揃えば、それはもはや一つのプラットフォームです。

好きでつながるコミュニティの力は絶大です。そのジャンルにおける新しいトレンドは、今後はビジネス発ではなく、こうしたコミュニティから生まれてくるのかもしれません。

いま、世の中でいちばん成功しているのは、トレンドを先読みする人ではなく、トレンドを自らつくる人です。ファッションの流行も、料理のトレンドも、誰かの後追いをするのではなく、自分たちでトレンドをつくってしまえば、そこに人も情報もお金も集まってきます。それがさらに好循環を生むのです。

プロジェクトメンバーを集める機動力

このように、趣味やボランティアの領域で、自らコミュニティを立ち上げ、それを運営する能力のある人は、社内でもプロジェクトリーダーとしてチームをまとめる力を持っています。そもそもグーグルが遊びでも仕事でも、人とつながる力を重視しているのは、そういう理由からなのです。

そういう人のまわりには、いつも人が集まってくるので、人的ネットワークを最大限に活かすことができます。大勢の人を巻き込めば、それだけ大きな成果を生むことができる。グーグルはもともとピラミッド型の縦割り組織ではなく、プロジェクトごとに人が集まっては解散する、ということを繰り返す組織です。社員一人ひとりが自律的に動いていく流動性の高い会社なので、コミュニティづくりが得意な人がたくさんいます。

誰かが手を挙げて一つのプロジェクトを立ち上げると、そのプロジェクトに興味のある人が次々と集まってきます。みんなで得意分野を持ち寄って、ゴールを目指す。そういう機動的なコミュニティづくりの文化が息づいているのです。

「二〇％ルール」で業務時間内に本業とは別の、実験的なプロジェクトを立ち上げる人もいれば、社内でできないことは副業として取り組み、それでビジネスを立ち上げる人も少なくありません。率先してコミュニティをつくる力は、リーダーシップを発揮して働く人にとって欠かせないのです。

働く女性をサポートするWomen Will

女性の社会進出を支え、いまや社会的に大きな影響力を持つに至ったグーグルの「Women Will（ウィメンウィル）」プロジェクトも、働く女性をサポートするために始めた社内コミュニティが下敷きになっています。

ママたちが少しでもラクに仕事ができるようなコツや、便利なサービスなどの情報を交換していたコミュニティだったのですが、それを社外にもオープンにして、さまざまな会社の取り組みを紹介することで、社会を巻き込んだ大きなムーブメントに育ちました。

セミナーや講演会活動に加えて、先進的な企業の取り組みを多数紹介し、さまざまなアイデアを共有する。Women Willの活動はさらに一歩進んで、結婚や出産を機に一度職場を離れた女性の仕事復帰を応援する「#HappyBackToWork」というプロジェクトも始まっています。

グーグルはそもそも女性にも働きやすい環境です。Gメールや Google+、Google Apps のような便利なツールがあるので、それらを使えば、簡単に社内でのコラボレーションが実現します。

必要なデータはクラウドに置いておけば誰でもシェアできるから、自宅でも職場でも、バーチャルな環境で仕事ができます。オンラインチャットでやりとりしながら、Google Docs で同時に資料を作成したり、話したいときはハングアウトが立ち上がってその場でテレビ会議が始まったり。

テクノロジーを駆使して作業を効率化しよう、便利にしようという思想が根底にあるから、ママたちも働きやすい環境が得られるのです。

しかし、誰かが手を挙げなければ、Women Will は存在しませんでした。最初に手を挙げて、コミュニティを立ち上げた人こそ、いまの時代にふさわしい真のリーダーと言えるでしょう。

多様性が化学変化を引き起こす

ある目的を実現するためのチームをつくるとき、たとえば先のように社内でプロジェクトチームを立ち上げる場合、仲間を集めるリーダーはどんな点に注意すればいいのでしょうか。

好きな人が集まるコミュニティとは違い、業務を遂行するために組織されるプロジェクトチームでは、何よりもまず目的、ミッションをはっきりさせることが重要です。自分たちは何のためにそこにいるのか。メンバーが誇りを持って働くために、ゴールイメージを共有しなくてはなりません。

変化の激しい時代ですから、プロジェクトの途中でゴールが変わることはあり得ますが、自分が何のためにその仕事をしているのかがわからなくなると、モチベーションはどうしても下がります。何としてもこれを実現するんだという強い気持ちが、メンバーの士気を高めるのです。

リーダーは、みんなが同じ方向を向いて仕事ができるように、気を配る必要があります。そのためには、トップダウンですべてを決めるのではなく、メンバーの意見を取り入れながら具体的な戦略を練る工夫も必要です。

意見を聞くといっても丸投げするのではなく、第3章で紹介したプロトタイプシンキングの要領で、「こういうプランを考えてみたんだけど、みんなはどう思う？」と現物を先に見せてあげれば、こちらの意図を誤解されることなく、メンバーの意見を引き出すことができます。

ダイバーシティの高いチームをつくる

チームをつくる際には、メンバーの多様性、ダイバーシティにも注意が必要です。たとえば、マッキンゼーの調査によると、男女のダイバーシティが高い会社はそうでない会社より一五％売上が大きく、国籍や文化のダイバーシティが高い会社は三五％売上が大きいという結果が出ています。

もっとも、性別や人種的・文化的な多様性というだけではなく、違ったスキルの持ち主、性格の異なる人たち、多様な働き方をするメンバーを集めることで、さまざまな組み合わせが生まれ、結果として強靭なチームになる可能性が高まるということです。

たとえば、新しいウェブサービスを開発するプロジェクトには、エンジニアの存在は不可欠です。使い勝手のいいインターフェースをつくるには、デザイナーやウェブマーケティングに詳しい人がいたほうがいいし、ユーザーの声を取り入れるために、クライアントに出入りしている営業マンが加わることもあるでしょう。

メンバーの多様性が大事なのは、ビックリするようなアイデアは、背景の異なる人の掛け合わせで生まれることが多いからです。また、最初から多様な人の集まりだとわかっていれば、人間関係の軋轢も生じにくいという効果もあります。

一人ひとりが異なるスキルやバックグラウンドの持ち主なら、考え方もバラバラで派閥もできにくい。これは得意だけどあれは苦手というAさんと、あれは得意だけどこれは苦手というBさんが一緒に働けば、お互いに得意分野を持ち寄って、サポートし合うことができます。

お互いを知り合う機会をセッティング

お互いをサポートし合うために、それぞれの人柄や得意分野を知る機会をつくることも、リーダーの大事な役割です。たとえば、Cさんは親の介護をしているからあまり残業ができないとか、Dさんはプログラミングが得意で聞けばたいていのことは答えてくれるということがわかっていれば、チームの結束は高まります。

そのため、グーグルではプロジェクト立ち上げと同時にオフサイトミーティングを開催したりしています。オフィスを離れ、いつもとは違うリラックスした雰囲気で情報交換することで、メンバーの性格や生活環境、得意分野などがわかるからです。

仕事上の付き合いだから仕事の話しかしないという人がいますが、僕は反対です。飲み会だって大賛成です。お互いのことをよく知ることで、足りないところを補うことができる。協調性を発揮すれば、チームの雰囲気はよくなります。

「心理的安全性」が生産性のカギ

このように、チームの雰囲気をよくすることは、単に「楽しいから」というだけでなく、チームのパフォーマンスの観点からも非常に重要です。

グーグルの最近の調査、プロジェクト・アリストテレスによると、チームの生産性のカギを握るのは、社員の心理的安全性（Psychological Safety）であることがわかっています。

要するに、「こんなことを言ったら叱られるかもしれない」「バカにされるかもしれない」といった不安を感じることなく、チームメンバーの誰もが安心して働ける心理状態をつくるということです。

そのためには、お互いが相手への気遣いや共感、理解力をもって接することです。それが回り回ってチームの生産性を高めることになるのです。どんな意見も率直に口にできる、困ったときには何でも相談できる、悪い知らせも包み隠さず報告できる。チームにそういう空気を率先してつくる人が、真のリーダーです。

たとえば、会社主催のオフィシャルなパーティーであれば、身内ばかりで固まらずに、手持ち無沙汰な人を見つけて、あえて声をかける。リーダー層の男性社員だけが、一箇所に固まって内輪で盛り上がる光景は、正直、あまりいい眺めではありません。居合わせた社員の誰もが、「自分はこの組織の一員だ」と感じてもらえるような配慮があってほしいものです。

人と人をつなげることで変化が生まれる

僕は人と人をつなげるのが大好きで、この人とこの人を会わせたら何かおもしろいことが起きそうだと思ったら、すぐにそういう場を設けます。まったく違う業界の人同士をつなげると、思ってもみないようなアイデアが出るものです。

たとえば、大企業とベンチャー、ベンチャーキャピタルの人が一堂に会して意見交換すれば、そこから新しいビジネスプランが出てくるかもしれません。破壊的イノベーションは、案外、そうした何気ないセッションから生まれるものです。

実際にいま僕の会社の一つのプロジェクトとして、大手日系保険会社とフィンテックのスタートアップの管理職の人たちを集めて、オープンイノベーションのプログラムを実施しています。

二〇年、三〇年も一緒に働いてきた人たちだけでチームを組んでも、新しいアイデアはなかなか出てこないものです。自社だけでやることに限界を感じたら、他社とコラボレーションすることも視野に入ってきます。

会社の外に一歩踏み出してみる

コミュニティと言えば、アメリカでは、クリスチャンの人たちが教会を中心としたコミュニティを築いていて、そこでリーダーシップを発揮している場面によく遭遇します。実際に教会に足を運ぶという意味では、ヨーロッパのキリスト教徒よりも、アメリカ人のほうがマメかもしれません。また、寄付文化、ボランティア文化が発達したアメリカでは、週末になると、どこかのＮＰＯに参加して、地域社会に貢献するという人が少なくありません。

日本の、特に東京を中心とした大都市圏では、サラリーマンは会社で一生懸命働くけれども、地域社会にはあまり貢献していません。近所の人も知らないし、学校行事や町の行事にも参加しない。一流企業に勤めているスーパーサラリーマンほど、社会貢献というマインドセットがほとんどない人たちが多いのです。これはもったいない、大きな社会的な損失だと僕は思います。

会社人間では生き残れない

同じ日本でも、地方へ行くとまだ地縁が立派に生きていて、地元の祭りや行事に繰り出す人も少なくないようです。会社以外に自分の居場所があるというのは、ときにはわずらわしさもあるかもしれませんが、自分の幅を広げるためにも、必要なことだと思います。自分の会社や業界の殻に閉じこもって、その世界しか知らない、そこでしか生きられないという状態は、これからの時代大きなリスクです。

グーグルの創業者であり、現ＣＥＯのラリー・ペイジは、近い将来、僕たちの一〇人中九人はいまとは違う仕事をしているだろうと述べています。

極端なことを言えば、これからの時代は、まったく違う環境に投げ込まれても、そこでしぶとく這い上がる柔軟性が必要なのです。その柔軟性を支えるのが、自身がそれまでに培った経験やそれに基づく思想や価値観です。

自分の会社から一歩外に出ると、そこは想像をはるかに超えた多様な人たちの集まりです。慣れ親しんでいる会社の常識は一切通用しません。まちづくりでもボランティアでも交流会でも、ぜひ会社以外の場に参加して、視野を広げていってください。

さらに、そうやって地域に目を向けてみると、いままではまったく気づかなかった、さまざまな社会の課題が見えてきます。過疎化や少子化が進む課題先進国の日本は、生活者の視点から見ると、多くの問題が浮き彫りになってくるでしょう。そうした気づきが、新たなビジネスプランのきっかけになることもあります。

忙しいから、面倒だからと会社や仕事に引きこもってしまうのは、とてももったいないと思います。

T型社員からΠ型社員へ

地域コミュニティに限らず、会社以外のコミュニティ、自分の専門外のことに目を向けることは、自身の幅を広げていくために大きなプラスになります。

第2章で紹介したように、変化の激しいいまは、イノベーティブな素養を持つ「T型社員」が求められる時代です。狭くて深い知識と、広くて浅い知識の両方を兼ね備えた人材のほうが、環境の変化に柔軟に対応できるからです。多様な価値観を認め、仕事もプライベートもとことん楽しむ人のほうが、いざというときの対応力があるのです。

さらにいまは、深掘りするのが一つだけの一本足打法よりも、二つの専門分野を持つ

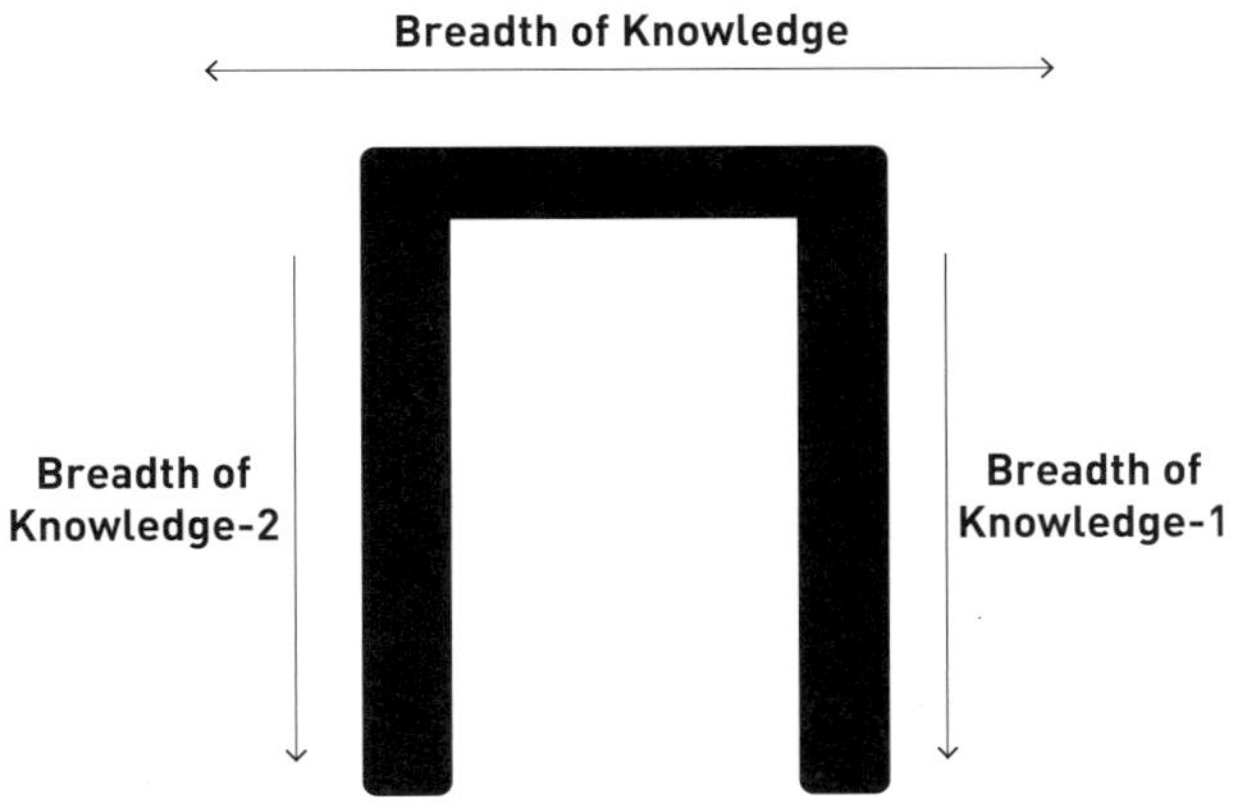

[Π型社員のイメージ]
縦軸が知識の専門性、横軸が知識の汎用性。2つの専門性で、より深さと幅が広がる

「Π《パイ》型社員」のニーズが高まっています。プログラミングとマーケティング、販売と製造、二つの分野に強ければ、それだけ生き残りの可能性は高まります。

そんなときも、会社以外のつながりは、大いに威力を発揮することになります。新しい分野に飛び込むといっても、横のつながりをたどって人づてに紹介されたり、取っかかりとなる知識を持っていたりすれば、いわゆる「土地勘」が働き、ゼロから学び直すよりも早く戦力にすることができます。

ちなみに、この二つの分野は、遠ければ遠いほど、クリエイティビティを発揮しやすい、と言われています。自分の成長の種は、今の仕事とはかけ離れたところに、眠っているのかもしれません。

専門分野を増やすとなると、負担に思う人もいるかもしれませんが、気軽に始められるものでいいのです。たとえば、Πの一つが仕事なら、もう一つは趣味にする。趣味が副業につながったり、より大きな新たなビジネスへと発展したりする可能性も十分にありえるのです。

地域活性化をデジタルで実現する

僕がサポートしている若手起業家の角田千佳さんは、「エニタイムズ（ANYTIMES）」というマッチングサービスを立ち上げています。

家事や外出時のペットの世話、家具の組立など、日常におけるちょっとした用事を手伝ってほしい人と、それが得意な人をつなげることで、地域社会の小さな需要を掘り起こすとともに、新たな仕事も創出しようという取り組みです。

彼女は幼い頃から、発展途上国の電気、水道といったインフラづくりやまちづくりに興味があったのだそうです。そんな彼女の目線で、いまの日本の地域コミュニティや社会の問題について考えたとき、このサービスを思いついて起業に踏み切りました。

[エニタイムズのウェブページより]
デジタルで地域コミュニティを活性化する。利用する人の「やりがい」や「つながり」を創出

日本は、高齢化社会であるにもかかわらず、共働き世帯や単身世帯が増えて、地域のつながりがどんどん薄くなっています。

その一方で、非労働者人口や非正規労働者人口が増加しているいま、人と人をうまくつなげるような、多様な働き方の場をつくれば、こうした問題をうまく解決できると考えたのだそうです。

共働きで残業も多く、買い物に行く時間がないから、代わりに誰かに買い物をしてほしい人と、時間に余裕がある主婦がいたら、この二人をつなげることで、両方ともハッピーになれます。

わざわざ業者を探して依頼したり、求人広告を出したりするほどでもない、ちょっとした用事を掘り起こせば、地域にはこれからたくさんの新たな需要が眠っています。

サービスを使ってもらうことで、お金のやりとりだけでは終わらない、生きがいや働きがいが生まれ、人と人との新たなつながりも生まれます。これからの地域の活性化やまちづくりに大いに貢献するサービスだと思います。

組織に縛られない「新しい働き方」とは？

日本の一五歳から六四歳までの生産年齢人口の割合は、一九九〇年代前半の七〇％をピークに減少に転じ、二〇一〇年には六三・八％、二〇三〇年には五八・一％まで減ると予想されています。人手不足は高齢化が急速に進む地方ほど顕著で、仕事を頼みたいのに働き手が見つからないというケースが増えています。だからこそ、ちょっとした時間を活かして働ける仕組みがあれば、仕事を頼みたい人にとっても、働きたい人にとっても、都合がいいのです。

たとえば、引退した技術者が家電を修理したり、配線を手伝ったりすれば、助かる人はきっといます。出産・育児で仕事を離れてしまった主婦も、子どもが寝ている数時間ででできる仕事があれば、身につけたスキルを活かせるかもしれません。九時～五時で拘束されることだけが仕事ではありません。時間の制約を外してあげれば、働き方はいくらでもあるのです。

僕の知り合いの女性は、肩書の違う名刺を七つも持っています。IT企業での業務は何日かに絞って、その他にキャリアコンサルタント、インストラクショナルデザイナー（学習モデルなどを開発する）などをやりながら、さらにCode4JapanというNPOなどで活躍しています。

ちょっとした空き時間に働く。家事や育児の合間に働く。平日仕事を終えた後に数時間だけ働く。週末は副業やボランティアに精を出す。一人ひとりが使える時間はわずかでも、それが積もり積もって束になれば、無視できないパワーがあるし、みんなで力を合わせれば、大きなプロジェクトも成し遂げることができるでしょう。

いずれにしろ、こうしたコミュニティが、従来の仕事をする場であった会社に代わって、これからの僕たちの働き方を考えるうえで大きな鍵になるでしょう。

人と人をつなげる。コミュニティを立ち上げる。化学変化を起こす。トレンドをつくる。ネット時代のリーダーには、さまざまな役割と可能性が期待されています。

第 7 章

コンプレクシティ リーダーシップ

複雑な問題に対応する

複雑で厄介な問題とどう向き合うか

グローバル化と人口減少が同時に進行している現在の日本は、すぐに解決策が浮かばないような複雑な問題が増えています。増え続ける高齢者をどう支えるのか。子どもを増やすにはどうすればいいのか。企業も人もグローバル競争をどうやって生き抜けばいいのか。人工知能やロボットとどうすれば共存できるのか。リーダーの課題は山積みです。

このような、すぐには解決できない厄介な問題を英語で「ウィキッドプロブレム（Wicked Problem）」と言います。「ウィキッド」は「邪悪な」「腹黒い」といった意味で、『オズの魔法使い』から派生したミュージカルのタイトルにもなっています。

たとえば、日本と韓国の関係はかなり複雑で、典型的なウィキッドプロブレムです。シリアの内戦や、中東からの移民の問題も厄介です。なんとか解決しようともがけばもがくほど、余計に状況がひどくなる。国際情勢から社会問題、企業活動まで、こういう厄介な状況はこれから先、どんどん増えていくでしょう。

炎上は予測できない

なぜかと言うと、テクノロジーの進化によって、情報の流通に歯止めがかからなくなってきたことも原因の一つではないかと思います。誰でも、いつでも、どこからでも情報を入手できるし、誰かにとって都合の悪い情報ほど、瞬時にものすごい勢いで拡散していきます。

たとえば、政治家が失言すると、その動画がすぐにYouTubeにアップされ、ＳＮＳを通じてあっという間に数十万、数百万の人の目に触れます。失言した政治家は批判にさらされ、脅迫まがいの誹謗中傷コメントが殺到します。いわゆる〝炎上〟です。話題になれば、既存のマスメディアがニュースとして取り上げることもありますが、発火点はネットという事例がどんどん増えています。

炎上が怖いのは、何が原因で人々の怒りを買うか、簡単には予測できないことです。最近ではわざと炎上させて注目を集める「炎上マーケティング」と呼ばれる手法も登場していますが、たとえ細心の注意を払っていても、悪意を持った誰かに狙い撃ちにされると、個人も組織も瞬時に炎上しかねない雰囲気があります。

事前に予測が成り立たないと、適切な予防策をとることができず、対応が後手に回りがちです。何かが起きてからそのたびに対応する対処療法では、問題そのものをなくすことはできません。かといって問題が発生するのを予測するのは困難です。これから先、ウィキッドプロブレムが増えるのは、ある意味、当然と言えるかもしれません。

ひと口に「問題」と言っても、状況はさまざまで、適するアプローチのしかたはその都度変わってきます。状況の複雑性の種類に応じて、適切な意思決定を行うための「クネビン・フレームワーク（Cynefin Framework）」では、左ページの図のように問題を四つに分類しています。

①明らかな問題（Obvious）

右下の「明らかな（Obvious）問題」というのは「Known Knowns」、つまり「何が問題かわかっている」状態です。問題がシンプルで、答えもすぐに見つかるようなタイプの問題を指します。

たとえば、「テーブルが汚れている→何かで拭けばいい→濡れたタオルで拭けば汚れが取れやすい」「数字をわかりやすく表示したい→エクセルに取り込んでグラフに加工すれ

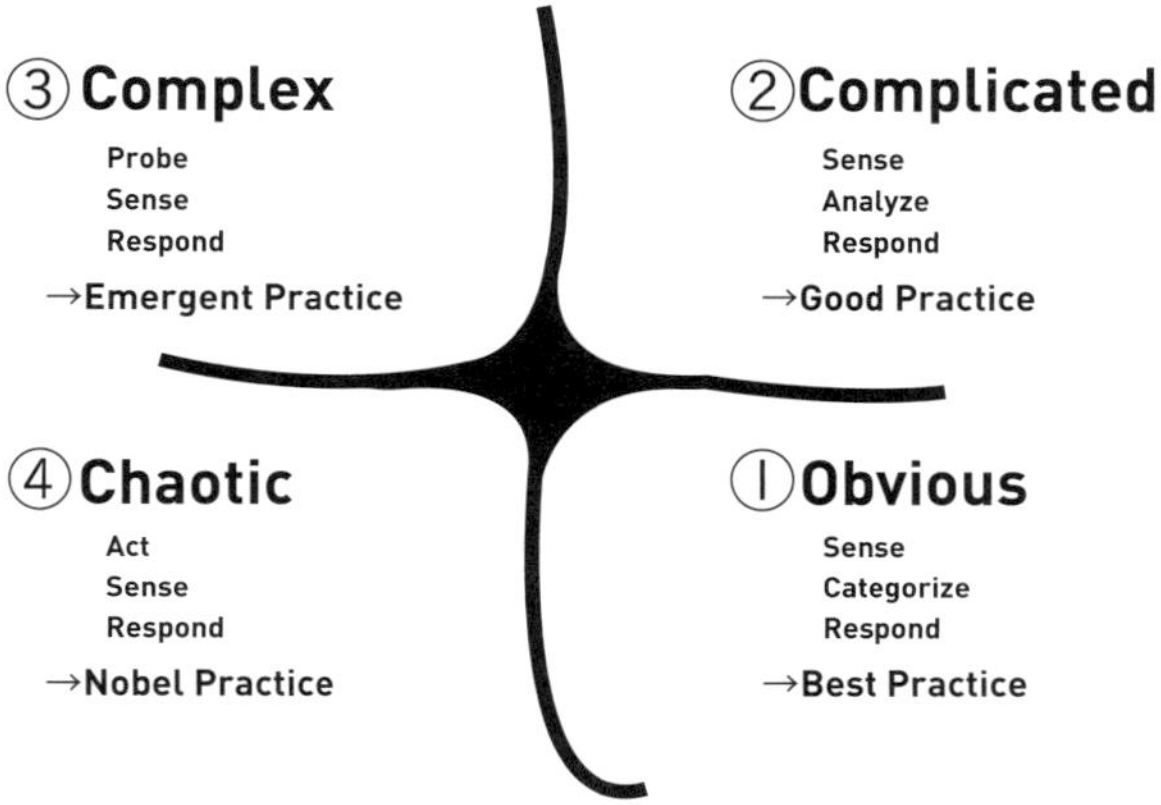

[クネビン・フレームワーク]
複雑性に対応するためのマトリックス。複雑度によって、問題への対応のしかたは異なる

ばいい↓この数字には棒グラフがふさわしい」のように、問題のありかがはっきりわかっている状況です。

過去の経験からどう解決すればいいかもすぐに見通しが立つので、いちばんふさわしい解決策、つまりベスト・プラクティスを選ぶことができます。

解決に至るまでの手順は、問題のありかを把握し（Sense）、過去の経験に照らし合わせて分類して（Categorize）、対策を講じる（Respond）、ということです。

この手の問題なら、それぞれのメンバーが自律的に解決可能です。必要なプロセスさえ整えておけば、誰もが通常業務としてスムーズに遂行できます。

②込み入った問題（Complicated）

右上の「込み入った（Complicated）問題」というのは「Known Unknowns」、つまり「何がわからないかがわかっている」状態です。プロの手を借りれば解決するタイプの問題と言い換えることもできます。

たとえば、腕時計が動かなくなって困ったとき、自分で直すのは難しくても、時計屋に持ち込めば職人に直してもらうことができます。自分には原因がはっきりわからなくても、その道のエキスパートが問題を分析すれば、いつかは必ず答えが見つかります。

問題のありかを把握し（Sense）、専門家が分析して（Analyse）、対策を講じる（Respond）という流れで解決する。ベストとは言えないまでも、最良の解決策、グッド・プラクティスを見つけることができるはずです。

最終的に、どの専門家の意見を採用するか、リーダーの決断が鍵になります。ただし、なかなか問題が解決しないようなら、状況はもっと複雑なのかもしれません。

③複雑な問題（Complex）

続いて、左上の「複雑な（Complex）問題」です。英語の「Complicated」と「Complex」は日本語にするとどちらも「複雑な」でややこしいのですが、意味するところはだいぶ違います。「Complex Problem」は「Unknown Unknowns」、つまり「何がわからないかもわからない」状態です。何がわからないかもわからないから、とりあえず試してみるところから始まります。

たとえば、これからある地域の不動産に投資したいと思ったら、僕は全然その分野のことはわからないので、とりあえず、その地域の物件のそれまでの相場や値動きについて調べると思います。その後は、調べたデータを元に、今後の値動きの要因になるであろう出来事を予想しながら、しばらく市場を観察してみるかもしれません。

ただし、要因となるであろう出来事も、駅や道路などの交通インフラの整備、商業施設の完成などのわかりやすいものもあれば、他に人気のエリアができたとか、別の沿線に大量に物件が出回ったりなどのわかりにくいものもあるでしょう。

実際、よくよく調べてみないと、どこまで関係あるのか、本当に関係あるかどうかさえ、はっきりしない場合もあるでしょう。とにかく調べて、次の方向を決め、また調べるという作業を繰り返していけば、やがて問題のありかが見えてきます。

つまり、何が問題かもわからないような「複雑な問題」に対しては、試しにやってみて（Probe）、問題のありかを把握し（Sense）、対策を講じる（Respond）、という手順で解決するしかありません。解決策はすぐにはわからないから、いろいろ調べていくうちに、徐々に立ち上がってくる。これを創発「Emergent Practice」と呼んでいます。

この場合、さまざまな関係者の話を聞いたり、小さな実験を試みることで、状況を徐々に把握していくことが大切です。その際、みんなが自由に話し合う環境を整えることが、リーダーの第一の仕事です。時間はかかるかもしれませんが、こういうプロセスを経て、はじめて解決への道筋が見えてくるでしょう。

④混乱した問題（Chaotic）

最後は、左下の「混乱した（Chaotic）問題」です。文字通りカオスと化していて、「Unknowable Unknowns」というのは、つまり「わかりようがない、探してもわからない」状態です。シリア内戦の問題がまさにこれです。いろいろ考えても埒が明かないから、とにかく行動するしかありません。

たとえば、火事が起きたときに火元はどこで、原因は何かということを調べている時間はありません。とにかく火を消す。危険なら逃げる。もしくは思い切った奇抜なやり方「Nobel Practice」で対応しなければならないかもしれません。

そのため、まず行動し（Act）、事後的に問題のありかを把握して（Sense）、同じ問題が起きないように対策を講じる（Respond）。この流れで対処するしかありません。

緊急対応である行動を行えば、そのあとのプロセスは、図左上の「③複雑な（Complex）問題」と同じです。

問題のありかを見誤るといつまでも解決できない

ビジネスの世界で、たびたび大きな障害となるのが、左上の「③複雑な（Complex）問題」です。日常的には「②込み入った（Complicated）問題」も多数発生しますが、それは専門的な課題にすぎません。専門家を入れて問題を分析したり、システムをつくったりすれば、たいてい解決できます。しかし、「複雑な問題」は一筋縄ではいきません。

ある会社から、部下の定着率が悪いのでコーチングしてほしいと依頼されました。業務に支障が出るほどの緊急事態とのこと。僕は早速、その部下の人たちと会って何度も話をしてみたのですが、能力的に問題があるようには見えませんでした。行動や態度、考え方に得に気になる点はありません。

いろいろ調べてみると、どうやら問題は部下ではなく、経営者のほうにありそうだということがわかってきた。それまでもその経営者は、うまくいかないチームを立て直そうと、人事に手を入れてみたり、予算をつけて研修を入れてみたり、ときには直接部下たちに怒ったり、なだめすかしたりして、いろいろ手を尽くしてきたそうです。しかし、なかなか変わらない。原因が別のところ、つまり自分にあったからです。

「③複雑な問題」に対して、いろいろ試してみたところまではよかったのですが、問題のありかを把握しきれていなかった。だから、結果として待ったなしの「④混乱した問題」のように、その経営者には見えていたというわけです。

同じようなケースは日常の至るところでも見つかります。

田舎で暮らす父親が自動車を運転していたとして、最近、実家に帰ったときに車を見たら、あちこち小さなキズができていたとします。そのとき、修理に出してキズを直してもらうのは「②込み入った問題」に対する解決策です。

しかし、それでは根本的な解決にはなりません。年を取って身体がうまく反応できないことが原因で、車を擦ってしまうのだとしたら、父親に運転をやめてもらうしかありません。ところが、地方は車社会だから、車なしでは生きていけない。

そうなると、話はどんどん複雑になって、自分が実家に戻るか、父親を近くに呼び寄せるか、という選択を迫られることになります。

別の次元から問題を見直してみる

先述の「③複雑な問題」には、さまざまな原因がからみ合っているので、単純ですっきりした解決策はなかなか見つかりません。

選択肢が二つあって、どちらも一長一短で選べないという状態をジレンマと言いますが、選択肢が三つ（トリレンマ）、四つ（テトラレンマ）もあって三すくみ、四すくみになって身動きがとれなくなることもあります。

ジレンマは、AとBのどちらがいいかという話です。テトラレンマは、AかBかだけではなく、AでもBでもある、AでもなくてBでもないという選択肢が全部あるということです。

たとえば、夫婦関係がギクシャクしてうまくいかない。妻は夫のことが嫌いではないけれども、いつも揉めているから、まともな会話が成り立たない。結果として、どんどん二人は疎遠になって、ウィキッドプロブレムになってしまう状況です。

そんなとき、妻は二人の自分の間で揺れ動きます。一人は「良い自分」です。夫のことは愛しているし、私にも落ち度がある。もう一人は「悪い自分」。腹黒くて、全部夫のせいにするだけで、全然反省しない。良い自分と悪い自分はあるときは同居して「良くも悪くもある自分」になるし、別のあるときには「良くもないし、悪くもない自分」が出てきます。テトラレンマの状況です。

テトラレンマの状態を脱するには

この状況を脱するにはどうすればいいのでしょうか。

アインシュタインがよく言っていたのは、「We can not solve our problems with the same thinking we used when we created them.」ということで、問題を作り出したときと同じ考え方のままでは、いつまで経ってもその問題を解決することはできないということです。「複雑な問題」に対しては、いろいろな視点、いろいろなレベルからアプローチする必要があります。ディテールから入るのか、ビッグピクチャーから入るのか。

日本にも、対象に近づいてミクロの視点で見る「虫の目」、上から全体を俯瞰する「鳥の目」、前後関係に注目して流れを追う「魚の目」を通じて、多角的に物事を見ろという教えがあるそうですが、視点を切り替えることで、打開策が見えてきます。

社内ベンチャーがうまくいかない理由

「複雑な問題」は、どの組織にも大なり小なり見られますが、それを上手に解決していけるかどうかで、今後の成長度合いは大きく変わってきます。

たとえば、新規事業についてです。組織の規模が大きくなると、どうしても風通しが悪くなります。このため新規事業は社内ベンチャー制度を使って立ち上げるということが一時期よく行なわれていました。しかし、ベンチャーといっても社内の一事業部にすぎないわけで、社内政治と無縁でいられるわけではないようです。

ベンチャーと同じで、新規事業は一〇個立ち上げて一つでも成功すればＯＫという世界ですから、金食い虫のお荷物になりがちです。特に立ち上げ当初は赤字を垂れ流すのが当たり前なので、「自分たちが本業で稼いだお金を湯水のように使いやがって」、というやっかみがどこかにあるものです。

資本が切り離されていれば、そこまで感じないことでも、同じ社員同士だと、一方はスーツ姿で朝九時に出社して汗水垂らして働いているのに、もう一方はラフな服装で出社時間も自由、お金は出て行く一方というのでは、なかなか理解は得られないでしょう。

揉めたときは、相手の立場で話してみる

こういうときは、「急がば回れ」で、当事者同士が直に話し合う場をつくるのが有効です。Aさんと B さんの対立を解消するとき、僕がよくやるのは、二人を呼んで、Aさんには B さんの立場で、B さんには A さんの立場で話してみてください、と伝えることです。組織内の対立でも基本は同じです。要は、相手の立場に立って考えてみようということです。

この方法は、お互いに意見が対立して頭に血が上っているときほど、効果があります。たとえば、Aさんはずっと B さんが悪いと思っていたけれども、B さんの立場に立って、なぜ B さんが怒っているのかを考えたとたん、「自分にも落ち度があった」ことに気づくでしょう。逆もまたしかり。相手がなぜ怒っているのか、なぜ文句を言っているのか、相手の立場に立って考えると、意外と冷静になれるものです。

Aさんの言い方に問題があったかもしれないし、B さんの要求が理不尽だったかもしれません。もしかすると仕事がうまくいっている A さんに対して嫉妬していたのかもしれないし、B さんに自分の仕事を奪われるのが怖かったのかもしれません。

コミュニケーションスタイルを見直す

見方を変えることで、自分では気づいていなかった原因が見えてくることもあります。たとえば、AさんとBさんが向い合って座っていたら、Aさんに立ち上がってもらって、僕とBさんが話している様子を離れたところからしばらく眺めてもらいます。

その場で僕はAさんになりきってBさんと会話を始めます。話す内容だけではなくて、身振り手振りや声のトーン、話すスピード、息づかい、視線の向かっている先などをじっくり観察してもらうと、たとえば、Bさんはすごく言葉を選んで話しているのに、自分は早口でまくしたてていることに気づくかもしれません。

そうすると、Aさんが自分のことを振り返ってみたときに、自分も早口だから、それで会話が一方通行になりがちだったという事実に突き当たる。もしかすると、話が噛み合わなかったのは、ただ単に話すスピードが違うことが原因だったかもしれないのです。であるならば、Bさんと話すときは普段よりもゆっくり話すようにすればいいし、相手の言葉を途中で遮るのではなく、次の一言をじっくり待って聞いてみればいいのです。

立ち上がって見たときに、そこに座っているはずの自分を想像してみるのも手です。意見の違うBさんのことをよく思っていなかったとしたら、談笑していても、顔がゆがんでいるかもしれません。自分が心を開いていないのに、相手にだけ心を開いてくれと要求するのはおかしな話です。違う次元から物事を眺めてみると、そういうことが自然と見えてくるものです。

受け身人間ばかりが集まる原因は何か

こうした「③複雑な問題」に対処できずに、もはや解決が待ったなしの「④混乱した（Chaotic）問題」の状況に陥っている組織があるのも事実です。表面的にはよくわからないのですが、問題がこじれて水面下でどんどん深刻化しているケースです。

僕はよく大企業の管理職の人から「うちの会社の人間は受け身ばかりで、自分から新しいことを考えようとしない」と相談されます。

だから、イノベーションのワークショップをやりたいという依頼がくるのですが、ワークショップを開催してブレインストーミングでアイデア出しをすると、いろいろな意見が出てきます。けっして何も考えていないわけではないのです。

しかし、それが結果に結びつかない。なぜかと思ってよくよく調べてみると、稟議制度の壁が背後に横たわっていたりします。

Aさんは自分なりに考えて提案書をつくりました。それをB課長に提出してハンコをもらい、B課長からC部長へと回っていくなかで、最初のAさんは完璧な提案書をつくっておかなければB課長に怒られる。承認してもらえないわけです。

B課長にしても、ずさんな計画を上に持っていけばC部長に怒られるので、Aさんに完璧な資料づくりを要求します。

そういうことが続くと、Aさんにとっては提案書を通すことが最大の目的になってしまって、当初の「新しいことをやってやろう」という意気込みはどこかに消えていきます。

これだけ競争が激しい世の中では、アイデアはスピードと鮮度が命なので、資料づくりに時間をかけるくらいなら、プロトタイプシンキングでどんどん試してみたほうがいいはずなのですが、組織体制がそうなっていないのです。

ピラミッド型の組織で、いくら末端の社員に向けてイノベーションワークショップをやっても、上流の意思決定の仕組みが末端のアイデアを拾い上げるようになっていなければ、意味がないのです。

組織のディスラプトが必要な場合も

この問題の本質的な原因は、ピラミッド型の組織にあります。ところが、同じ会社で一五年、二〇年働いてようやく部長になりましたという人にはプライドもあるし、いきなり組織をフラットにして、今日から部長の肩書をなくそうといっても、なかなか首を縦に振るのは難しいでしょう。もはや硬直化と複雑化がからみ合って、どこからどう手をつけていいかわからない状況です。

僕がコンサルティングに入っている会社でも、思い切って古参幹部のほとんどを入れ替える、という提案を用意することがあります。いまある状態を改善するより、イチからつくり直すほうが早い。組織の存続を図るためには、そういう大鉈《おおなた》をふるわなければならないときがあるのです。

東芝やシャープ、三菱自動車などの問題を見ていると、個別に見ればみんな真面目でいい人たちのはずなのに、いい人たちがよってたかって会社にとって害になることをしてしまう。一見安定しているように見えて、水面下ではどんどん混乱が進み、気づいたときには、「④混乱した問題」に陥っているのです。

度を越えた場合は、いったん会社なり事業部なりを解体して、事業部ごと別の会社に売却したり、組織の上のほうを全部入れ替えるくらい、思い切った改革をする必要があるのかもしれません。

同じメンバーでそういう風土を改めようとしても、なかなかうまくいかないということもあるのだと思います。

第8章

エモーショナルインテリジェンス

感情をコントロールする

仕事の成果は感情で決まる

リーダーシップは人と人をつなげる力なので、直接コントロールできない他人にどうやって影響を与え、ある目的に沿った方向に向けさせるかがカギとなります。

そこで必要となるのがエモーショナルインテリジェンス（ＥＱ）、つまり自己や他者の感情を認識して、上手にコントロールする能力です。

すでに一五年以上前の調査により、さまざまな企業の業種や職位において、高業績ために不可欠とされる能力の三分の二は、感情に関連するものだということがわかっています。「心の知能指数」とも言われるＥＱは、ＩＱや専門能力の二倍の重みを持つものであり、個人はもとより、組織やチームとして成果を上げるためには欠かせない能力という結果が出ているのです。

たとえば、グーグルのようなハイテク企業では、結果的にＩＱが高く専門能力に優れている人が多いことは事実です。しかし、こうした優秀な人たちの中でも頭角を表す人は、いわゆるEQの高い人、自分や周囲の感情を上手にコントロールできる人です。

チームで10Xやムーンショットの成果を上げるには、個性の強い多種多様なメンバーを一つにまとめあげなくてはなりません。たとえリーダーではなくても、他のメンバーに協力し、率先してチームワークが取れる人は高く評価されます。

短期間に圧倒的な成果を求められる環境は、エキサイティングですが、当然、ストレスフルでもあります。競争も激しいし、評価だって厳しい。そんな中で、率先してチームにポジティブな空気をもたらす人は、誰からも歓迎されるのです。

リーダーシップに欠かせない三つのポイント

自分の感情の起伏とうまく向き合い、相手の感情の変化にも気を遣いながら、全体としてチームの進むべき方向を定めて引っ張っていく。そのために必要なエモーショナルインテリジェンスには、三つの大切なポイントがあります。

①自分の感情に気づく

何か不快なことがあって頭に来たときに、怒りに我を忘れて大声で怒鳴るとか、周囲に当たり散らすとか、物を投げたり蹴ったりするのは、知的な対応とは言えません。どんなに腹が立つ状況でも、何か建設的なレスポンスを出さなければいけない。そのためには、「頭に来た」という事実を自分自身でしっかり認識する必要があります。

自分の感情のおもむくままに行動するのではなく、一歩立ち止まって、「いま自分は怒っている」ということを認識できれば、「なぜ怒っているのか」「どうすれば怒りは解消できるのか」という方向に意識を向けることができます。その結果、感情的なレスポンスを踏みとどまることができるのです。

自分の感情の変化をその都度認識すること。これが、自分の感情をコントロールする第一歩です。

②相手の感情に気づく

二つ目は、相手の感情をきちんと認識できるということです。

他人が何をどう感じるかはその人の自由で、あなたが直接コントロールすることはできません。あなたがどれだけ「これはこうすべき」「それは間違っている」と思っても、相手がそう思うかどうかは、完全にその人の自由です。

しかし、相手がどういう気持ちでいるか、それを把握できれば、その人に影響力を及ぼすことはできます。相手の気持ちを汲んだうえで、建設的な議論ができるように仕向けるのが、リーダーの役割です。

自分の感情の動きにフォーカスして、自分の感情をわかったうえで行動するのが①なら、②は相手の感情の動きにフォーカスして、相手の感情をわかったうえで行動するということです。対象が自分か、他人かというだけで、基本的な考え方は同じです。

③グループの感情に気づく

三つ目は、自分と相手という関係性を超えて、グループの感情をうまくコントロールできるということです。集団の中でリーダーシップを発揮するには、一対一の関係だけではなく、グループ全体の雰囲気を敏感に嗅ぎ取り、目的に向けて、全員が協力する体制を築く必要があります。

心のセンターラインを保つには

一時の感情に流されない、いつでもブレずに決断できるというのは、リーダーの大事な資質の一つです。自分の感情をコントロールできるかどうかが、自分が成功できるかどうかを大きく左右するのです。

エモーショナルインテリジェンスは、心のセンターラインをしっかり保つことから始まります。第5章のラーニングアジリティで触れた、振り返りから学ぶことも非常に大切ですが、身体を使う方法も非常に有効です。身体のセンターライン、姿勢を真っ直ぐに保ち、背筋を伸ばして座るだけで、心のセンターラインを意識することができます。

僕は合気道をやっていましたが、YouTubeで合気道の開祖、植芝盛平先生の動画を見ると、身体のセンターライン、体幹がしっかりしているから動きにまったく無駄がないのがわかります。中心線がブレないと、最小の動きで最大の効果が得られるのです。

ブレるというのは、センターをなくす、中心を見失うということです。しかし、外から力が加わって、左右に揺れ動くこと自体は避けられなくても、中心線さえ見失わなければ、ちゃんと元に戻ることができます。それがブレないということです。

起き上がり小法師のように、倒されても倒されても元に戻る。そういう柔軟さが、自身の心の安定をつくり出し、周囲の感情にもきちんと応える、リーダーシップの土台になるのです。

「身体」「感情」「思考」を整える

身体と心のセンターラインを保つために、僕は次の三つを大切にしています。危ないと思ったら、すぐにセルフチェックするようにしているのです。

まず、自分の「身体」です。ゆっくり大きく呼吸しながら、背筋を伸ばす。椅子にも真っ直ぐ座ることを心がけます。

怒ったり、ストレスがたまったりしていると、筋肉がこわばるので、筋肉が緊張していないかどうか。緊張しているとしたら、どのあたりがこわばっているか。そこに意識を集中すると、やがて気分が落ち着いて、緊張がほぐれてきます。

身体が整ったら、次は自分の「感情」を整えます。自分はいま何を感じているのか。その感情は適切なのか。

そして、最後に「思考」です。身体と感情、思考はつながっています。どこかが乱れると、その影響が別のところに出てきます。だから、まず身体を整え、感情を整え、メンタルの状況を落ち着かせてから考える。そうすれば、冷静に、客観的に、筋道立てて考えることができます。

緊張している自分に気づくだけでリラックスできる

緊張すると、自分の中心を見失います。リラックスしたときによく出る脳波がアルファ波ですが、これがブロックされて潜在意識とつながれません。思考も広がらず、中途半端なものになりがちです。過負荷の状態で意思決定すると、人は誤った決定をしがちになり、さらには対人関係にもマイナスの影響を及ぼすことが多いのです。

だからこそ、自分の感情がどんな状態にあるか、それをしっかり把握することが重要なのです。自分の感情を把握できたら、自己管理はほとんどできていると思っていいくらいです。たとえば、いま自分は緊張しているな、怒っているなと気づいたら、その瞬間に、気持ちが少し落ち着くはずです。

逆に、自分が緊張していることに気づかなければ、いつまでたっても興奮状態から抜け出せないでしょう。口論している最中は、自分が怒っていることに気づかないから、どんどんエスカレートしてしまうのです。そういう人ほど「自分は怒っていない」と言い張ることが多いのですが、それは自分で自分の感情をしっかり認識できていないだけなのです。

自分の感情に気づいていない人もいる

自分の感情を落ち着いて認識できるようになると、周囲の感情を適切に認識できるようになり、相手を思いやる心の余裕も生まれてきます。

僕には、とても頭のいいエンジニアの友達がいるのですが、彼はいわゆる「コミュ障（コミュニケーション障害）」で、自分の感情をうまく相手に伝えることができません。しかも、いいときと悪いときの差が激しく、波があります。

前の日に一緒に出かけてすごく元気だったのに、次の日にはいきなり挙動不審で、目を合わせようともしない。ときにはそれが原因でケンカになったこともありましたが、そんなことが何度かあって、僕はようやく彼のことを理解しました。

彼は自分でも自分の身体や感情の変化をうまく把握できていないのです。だから、自分の気持ちをうまく表現できないし、相手の気持ちを読むことも得意ではない。それがわかって、僕はようやく彼を受け入れることができたのです。

タフなメンタルを手に入れる

いま目の前にある状況をピンチと思うか、チャンスと思うかは自分次第です。事実は事実として変えられないけれど、その事実に対して自分がどう感じるか、どう受け取るかは自分で決められる。何をやってもうなくいかない、八方塞がりの状態で、「もうダメだ」とあきらめてしまうのも自分なら、「これ以上悪くなるはずがない。ここからよくなるはず」と気持ちを前向きに持っていくのも自分です。

上司からひどいことを言われたり、先輩に無理難題を押し付けられたり、後輩に悪口を言われたりしたら、怒りや悲しみ、悔しさが湧き上がってきます。仕事の失敗や、リストラによる異動や解雇などの事態に直面したら、心は激しく動揺するでしょう。

それらの出来事自体を止めることはできませんが、そうした負の感情をうまくかわして、建設的な方向に持っていくことができれば、どんなときも前向きにリーダーシップを発揮していくことができます。

こうした「折れない心」「立ち直る力」を意味するのがレジリエンスです。逆境や困難に自分はいったいどう反応するのか、日頃からの心の習慣で大きく変わってきます。

攻撃に意識を集中しすぎない

風通しのよいチームは、活発なコミュニケーションがあってはじめて成立します。そのためにも、多少の反発や反感を恐れず、自分の考えを率直に述べる。リーダーシップを発揮していくには、それ相応のタフなメンタルも必要になります。

とはいえ、せっかく勇気を振り絞って自分の意見を言ったのに、頭ごなしに否定されたり、無視されたりしたら、誰でも傷つきます。そこまでいかなくとも、別の意見をぶつけられただけで思わず黙り込んでしまう人もいます。

自分自身が否定されたように感じてしまうのかもしれませんが、いずれにしろ意見の対立に慣れていない日本人には、〝打たれ弱い〟人が多いと感じます。

打たれ弱さを克服して、強いメンタルを手に入れるには、自分なりの軸を持つことです。自分はこういう人間で、このチームではこういう役割が求められていて、いまの目標はこれで、それに対して自分はこういう貢献ができるはずだ。そういう自分のアイデンティティがはっきりしていれば、多少の意見の対立くらいでは、自分の立ち位置は揺るがないはずです。

打たれ弱い人は、攻撃されたら、そこに意識を集中しすぎています。怒られたという事実だけを見るから、気持ちが塞ぎ込んでしまう。でも、なぜ相手が怒っているのか。もしかしたら、大事なメッセージを伝えようとしているのかもしれません。

自分に落ち度があるなら、それは受け入れるしかありません。しかし、その先にある大事なメッセージを見落として、ただ「怒られた、どうしよう」というだけでは事態はよくならないし、相手との関係も深まりません。

相手の怒りを全身で受け止めるのではなく、うまくかわすには、怒りの背後にある動機に思いを巡らせることです。それによって、ときには次のレベルの人間関係を築くことができるかもしれません。

意見の対立をチャンスに変える

意見が対立しているとき、議論がヒートアップして、相手が感情的になってきたら要注意です。その人の真意は口から出た言葉とは別のところにあるかもしれないと疑ってかかる必要があります。

相手の怒りが収まりそうもないときは、その場ではあえて反論せず、時間をおいてもう一度話し合うほうがいいでしょう。英語で「Lose the battle to win the war.」と言いますが、感情が高ぶった相手とやりあっても建設的な議論ができそうにないときは、負けるが勝ちということもあり得ます。

自分が怒ったときも同じです。頭に血が上った状態で、その場で解決しようとしても、感情的な言葉しか出てこないから、少し時間をおいて、別の機会にあらためて話し合う。そうすれば、自分が本来思っていたことを落ち着いて相手に伝えることができます。

いずれにしろ、意見の対立は自分だけでは気づかなかった新たな発見につながりますし、本来、歓迎すべきことです。誰かに文句を言われるということは、未解決の問題があるということです。それはピンチではなく、新しいことを始めるチャンスなのです。

だから、僕はロゲンカが大好きだし、意見の対立も大好物です。それは、相手ともっと深い関係を築くチャンスでもあるのです。自分がそういう姿勢でいれば、感情的なしこりが残ることもほとんどありません。

逆に、議論に参加しようとしない人と、深い関係を築くのは難しい。こちらが相手に何かフィードバックしようと思っても、相手が耳を傾けてくれなければ、それ以上のことは起きません。苦手だからといって対話を避けるのは、得策ではないと思います。

逆境は長期的なスパンで考える

さらに、日々の対人関係から一歩進んで、もっと大きなピンチに遭遇した場合、どうすればいいのでしょう。

これは、民主化以前のポーランドに生まれた僕が子どもの頃からやっていることですが、どんなにひどいことが起きても、一〇年後の未来から見たら、はたしてそんなにひどいかどうか。あるいは、僕が死ぬとき、いまこの瞬間を思い出して悔やんだりするのだろうか。視野を広げて考えてみると、意外とたいしたことないなと思えるのです。

実際、後から考えると、ひどい経験をしたとき、人生で苦労したときというのは、一方で大きな学びを得る時期でもあります。仕事で大失敗した結果、異動させられて、もうこれで出世できないなとあきらめかけたのに、異動した先の仕事が自分に合っていて、かえって能力を発揮できるようになったとか。あるいは、勤めていた会社が倒産して目の前が真っ暗になったのに、もっといい職場に巡り会ったとか。これで人生終わりかもと思い悩んでいたけれども、実はピンチではなくチャンスだった、新たなステージへの転機となったという経験を持っている人も多いのではないでしょうか。

リーマンショックのとき、モルガン・スタンレーに在籍していた僕の同僚の少なくない人たちがリストラされ、職場を去りました。しかし、金融業界とはまったく違う業界に行って、バリバリ働いている人がいます。ベンチャーに入り、スーツを脱いでサンダル姿でのびのびと働いている人がいます。

本来キャリアというのは、一直線に上に向かって伸びているものではなく、蛇行したり、ときに後退したりしながら、上っていくものです。長い目で見れば、逆境も一時的なものにすぎず、かえって転機となる可能性が高いのです。

「ヒーローズ・ジャーニー」に当てはめる

さらに、キャリアを考えるときに僕がよく使っているのが「ヒーローズ・ジャーニー（英雄の旅）」というコンセプトです。

米国の神話学者ジョーゼフ・キャンベルは、その著書『千の顔をもつ英雄（Hero with a Thousand Faces）』（上下巻、ハヤカワ・ノンフィクション文庫、新訳版、二〇一五年）で、古今東西の神話・英雄譚には共通のストーリーがあると述べました。日常の世界から非日常の世界へと旅立ち、さまざまな困難を乗り越え、元の世界へ戻ってくる。この一連のサイクルを「ヒーローズ・ジャーニー」と呼んでいます。

古くから伝わる物語では、ヒーローというのはだいたいどこかの村で暮らす村人で、あるとき「お告げ（Calling）」を授かります。神様みたいな人に遭うとか、予言めいたことを言われるとか。それで旅に出るのです。

旅路では、これでもかというくらい大変な目に遭います。でも、必ずサポーターが現れて、頑張って困難を乗り越えると、やがてギフトがもらえます。ギフトをもらったら独り占めするのではなく、最後は村に持ち帰って、みんなで分かち合う。旅先での経験や学びを村人に伝えるわけです。

この「ヒーローズ・ジャーニー」のパターンは、ジョージ・ルーカス監督の映画『スターウォーズ』をはじめ、さまざまな物語に取り入れられています。僕はこの「ヒーローズ・ジャーニー」を大事にしていて、ピンチに出くわしたときこそ、新たな旅立ちに向けた「お告げ（Calling）」ではないかと考えるようにしています。

今回、自分が失敗したということは、いまの自分の態度やスキルセットに何らかの問題があるはずだから、この機会に文字通り旅に出て新しい経験をしたり、もう一度自分を振り返ってみたりして、次のステップを踏み出す必要がある。失敗したときこそ、新たな旅立ちのチャンスなんだと思えば、ピンチをチャンスに変えることができます。

分析心理学の創始者カール・ユングは、鬱病は新しい人生を生き直すために必要なプロセスだとしています。毎日会社で残業して、思い通りにいかなくて、メンタルが弱ってしまった。そういうときは、いったんその場を離れ、どこかに旅に行ったりして、自分の人生を見つめ直す必要があります。

「ヒーローズ・ジャーニー」でも、旅に出て苦労したヒーローは、いつか必ずギフトを手に入れる。それを持ち帰って、いまの仕事に活かしたり、まったく別の仕事を始めたりすればいいのです。

違いを乗り越え、より深い人間関係を築く

僕が合気道に興味を持ったのは、一〇年以上前のことになるのですが、なぜ始めたかというと、自分自身が激しい性格だということに気づいたからです。

日本に来たばかりの頃、僕は自分の言い方がキツイとは思っていませんでした。ポーランド人同士が普通に話しているだけで、ケンカしているのではないかと外国人に誤解されることがありますが、それくらい僕の祖国ポーランドは自己主張の激しい国です。

そのため、僕の口調もみんなにとってはキツかったようです。何かあると「すぐに結論を出せ」「イエスかノーかをはっきりしろ」と矢継ぎ早に迫っては、同僚の女性を泣かせたりもしていたのです（ゴメンナサイ）。

ところが、ある人から、イエスとノーの間にはグレーゾーンが広がっていて、単純にいずれかには割り切れないことが多いと教わり、それまでのやり方を反省しました。

自分にはそのつもりがなくても、僕のエネルギーのレベルやスピード感、考え方が、人

によってはすごく攻撃的に受け取られる可能性がある。だから、少しスピードを落として、頭でっかちに考えるだけではなく、身体にもやわらかい動きを取り入れたほうがいいと思って、合気道を始めたのです。

一五分耐久。意地悪なエクササイズ

僕の生まれ故郷はすごく小さな村で、子どもの頃は森に行ってはイヌやネコ、ウサギ、ヤギ、ウシ、ウマたちと遊んでいました。

そういう経験がベースにあるので、エモーショナルインテリジェンスというのは、僕にとって、動物とのコミュニケーションに近いイメージがあります。もちろん言葉は通じないから、声の調子や身体の動きでコミュニケーションをとるわけです。言葉以外で感情の動きを察知できなければ、動物と意思疎通を図ることはできません。

僕はよくセミナーで、意地悪なエクササイズをやっています。お互いに知らない人同士でペアになってもらって、向い合って座って、何も喋らず、ただ一五分間目線を合わせてもらうのです。実際にやるとわかりますが、ものすごくキツイです。でも、いっぺんに打ち解けることができます。すごく仲良くなって、なかには恋に落ちる人もいるとかいないとか。

向い合って座った直後は、「この人はきっとこういう人だ」という相手に対する偏見や決めつけ、「この場を取り繕うために、自分はこうしなければいけない」という自分自身に対する思い込みが渦巻いたりしますが、一五分間も無言で見つめ合っていると、そういった感情は消えてなくなります。結局、同じ人間だろう、と。

もちろん、性別も違えば、年齢も違う、いままで生きてきた人生経験も違うわけですが、そうした違いよりも、共通点に目が向くのです。同じ人間だから、楽しければ笑うし、悲しければ涙を流す。そこに大きな違いはありません。

子どもも動物も、こちらがきちんと注目すれば、ポジティブなレスポンスを返してくれます。たいていの大人は子どもと真剣に向き合わないから、子どもの側も無視するのです。僕は子どものことも動物のことも意識しているから、すぐに仲良くなることができます。

人とつながりをつくりたければ、いま目の前にいる人にきちんと注意を払うことです。お互いに目をそらしたり、別のことをしたりして意識しないようにしているから、良好な人間関係が築けないのです。

興味を持って相手の感情に気づく

僕は知り合いがほとんどいないパーティーに行っても、苦もなくそこに溶け込むことができます。席を移動しながら、「こんにちは、みなさん何をやっているんですか?」と聞いて回る。いろいろな人に興味があるから、どんどん質問していきます。

「広告の父」と呼ばれた英国人デヴィッド・オグルヴィは「If you want to be interesting, be interested.（おもしろい人になりたいなら、何事にも興味を持て）」と言いましたが、相手に興味・関心を持って接していれば、向こうもこちらに興味を持ってくれて、自然といい関係が築けます。

僕はもともと人の話を聞くのが大好きで、自分のことを話すのはあまり得意ではありません。相手の話を聞くほうが楽だし、好奇心が満たされます。知らないことを知りたいという気持ちが強いのかもしれません。

自分の感情だけでなく、相手の感情に気づけることは、人間関係をよくするうえでとても大切です。そういう意味では、その人に興味を持って接していれば、たいていの問題は解決してしまうとさえ言えるかもしれません。

逆に言えば、自分のことばかり考えていて、他人に興味がない人が世の中にはたくさんいるということです。こちらから興味を持って近づいていけば、たいていの人は心を開いてくれます。相手が子どもでも、動物でも、エグゼクティブでも、身体のセンターラインを整えて、リラックスした状態で臨んでください。

いかにチームの感情に貢献するか

自分の感情だけでなく、相手の感情に気づく。こうした視点は、普段の仕事でも非常に重要です。第6章コミュニティーリーダーシップでも述べたように、チームの生産性はメンバーの心理的安全性（Psychological Safety）に大きく左右されるからです。

たとえば、毎日座っている自分のデスク。ちょっと離れたところから、パソコンに向かって仕事をしている自分を想像してみてください。

隣に座っている同僚のDさんは、いつもは気づかなかったけれど、周囲のみんなにことあるごとに声をかけているかもしれません。Dさんのおかげで、チームが和んでいるのに、自分はいつもムッツリ黙って無視していた。申し訳なかったな、今度はちゃんと反応しようと思えばしめたものです。

向かいの席の後輩のEさんは、何やら難しい顔でパソコンとにらめっこしています。そういえば、上司から資料づくりをお願いされていたっけ。最新のデータはたしかあのウェブサイトに出ていたから、教えてあげればよかったな。自分は「忙しいから話しかけるな」オーラを出しすぎていたのかもしれない。

いつもとは違った角度で自分の行動を振り返ってみると、チームの空気をよくするヒントは日常の中にたくさんあるはずです。ぜひチーム全体のEQを高めて、パフォーマンスの向上を目指していきましょう。

性格的に合わない人とうまくやっていくには

同じ職場に性格的にどうしても合わない人がいて、日々プレッシャーを受けてメンタルが弱っている。そんなときは、どうすればよいのでしょうか。

そもそも、仕事で衝突するのは、お互いに何らかの建設的な意図を持っていて、それが食い違っていることが原因です。どちらかが一方的に命令し、もう一方の人はそれに従うだけという関係なら、「性格的にどうしても合わない」という状況にはならないはずです。

おそらく、自分が期待した行動を相手がとってくれない、相手が期待した行動をあなたがとっていない、というすれ違いが起きているのではないでしょうか。

そうだとすると、他人は変えられないので、その人との関係性を見直す必要があります。たとえば、AさんとBさんが協力して資料をつくるとします。Aさんは細かい性格なので、最初から完璧なものがつくりたい。でも、Bさんはプロトタイプシンキングで、手早くドラフトをつくって、無駄な作業をなくしたい。意見はすれ違ったままです。

しかし、ここで、二人の共通の目的を思い出してみれば、期限までにお客さんに提出する資料をつくることです。それなら、Bさんがドラフトをつくって、Aさんがそれを完璧につくり込む。そういう役割分担にすれば、うまくいきそうです。

一つ上のレベル（共通の目的）に立ってみて、二人の関係性を見直したわけです。ゴールが同じなら、協力する手立てはきっと見つかります。

第9章

マインドフル リーダーシップ

集中力と直感力を磨く

高いパフォーマンスを発揮するために

いまこの瞬間に意識を向けることで集中力を高め、安定して高いパフォーマンスを発揮するマインドフルネス瞑想が注目を集めています。

もとをたどれば仏教の「禅」に行き当たるもので、修行としての座禅から宗教的な側面を取り除いて、集中力を鍛えるトレーニングメソッドとして確立されたのが、マインドフルネス瞑想です。グーグルをはじめとする名だたる米国の有力企業が採用して話題になり、いわば日本に〝逆輸入〟された形になっているようです。

ちなみにグーグルで、どれくらいマインドフルネス瞑想が浸透しているかというと、世界中のグーグルの社屋の多くには、社員のために瞑想スペースが設けられ、仕事の合間に誰もが気軽に瞑想できる環境が整っています。「gPause」というマインドフルネス瞑想のグループもあり、全世界三八グループ、八〇〇人が参加し、全従業員の一〇人に一人がSIY（Search Inside Yourself）という専門のプログラムを受講しています。

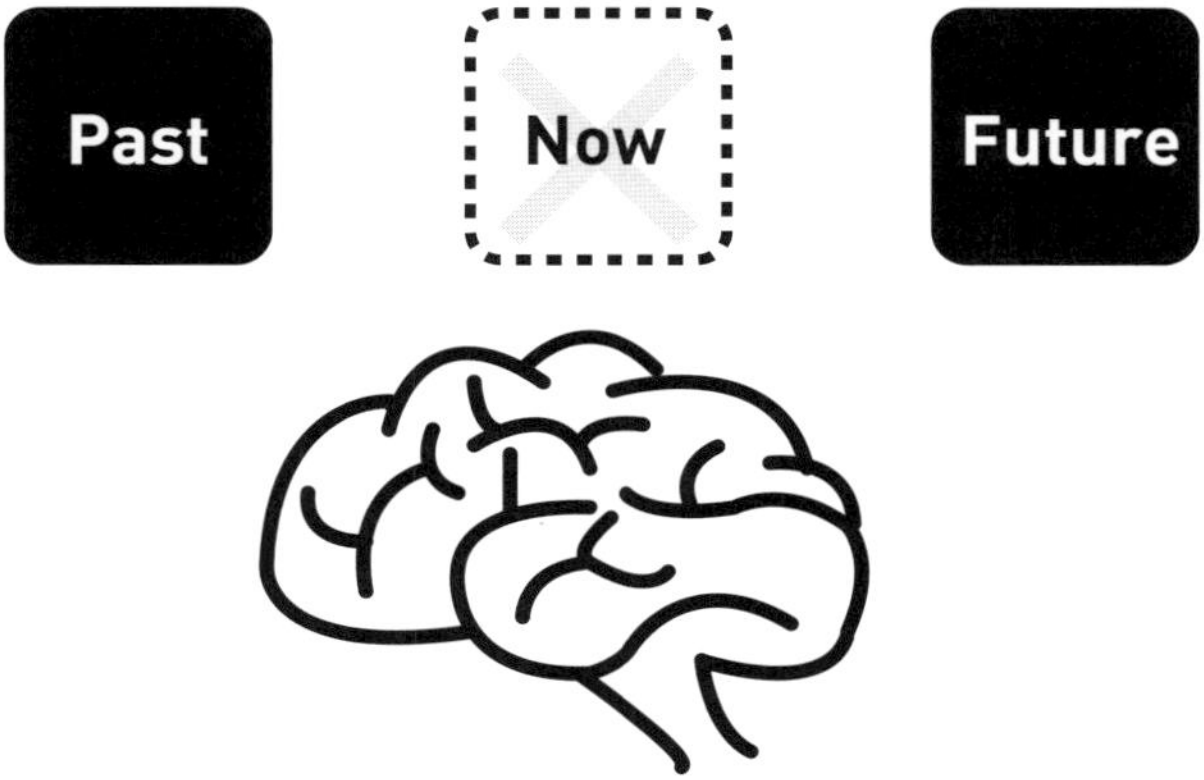

［マインドフルでない脳の状態］
「昨日は上司に叱られた」「……（今日の仕事）……」「明日も叱れたらどうしよう」

毎日昼の一二時一五分から一五分間、全世界一斉に瞑想の時間を設けたりもしていて、他の社内のアクティビティと比較しても、人気は一、二を争う高さなのです。

いまこの瞬間に集中するマインドフルネス

専門性が高く、つねにスピードとパフォーマンスを求められる仕事をこなす現代のビジネスパーソンは、大なり小なり、多くのストレスにさらされています。

僕たちはいま、非常に現代的な生活を送っていますが、脳には原始時代を生き抜くための機能がそのまま残っています。

オフィスでトラやライオンに襲われる心配

はありませんが、仕事の難局や困難に直面して恐怖を感じると、脳の扁桃体という部分が刺激され、「戦うか、逃げるか（fight or flight）」という原始的な反応を引き起こします。怒り、嫌悪、不安、不満などの感情が生まれ、生産性や作業パフォーマンスに大きく影響を及ぼすことがわかってきたのです。

仕事に取り組んでいても、過去のことをくよくよ考えたり、将来のことを心配したりして、いまこの瞬間に意識が向いていない。目の前の仕事に集中できない状態になってしまうのです。

一方、マインドフルな状態というのは、その瞬間に、しっかり意識が向いた状態です。調査によると、マインドフルネス瞑想を取り入れることで、仕事の効率が二〇％向上したという結果もあります。マインドフルネスは、ＩＱ、ＥＱの向上にも効果があるとされており、今後も個人やさまざまな組織への導入が進んでいきそうです。

集中力を高めるメディテーションのやり方

マインドフルネス・トレーニングの第一歩はメディテーション、瞑想です。慣れてくると、いつでもどこでもできるようになりますが、初心者のうちは、外界からの情報をシャットアウトして、瞑想にふける時間を意識的に持ったほうがうまくいきます。やり方に決まりはありませんが、たとえば、次のような手順を意識するといいでしょう。

［手順1］姿勢を整える

まず椅子に浅く腰をかけ、背筋を伸ばし、正しい姿勢で座ります。自分の身体の中心に一本筋が通っていることを意識してください。どこかの筋肉がこわばっているようなら、それを解消して、リラックスすることを心がけましょう。周囲の景色や雑音が気になるようなら、目を閉じたほうが集中しやすくなります。これが「姿勢を整える」作業です。

［手順2］呼吸に意識を向ける

続いて、呼吸に意識を向けます。鼻からゆっくり息を吸い、ゆっくり息を吐く。その音に耳を傾け、吸ったり吐いたりする息に意識を集中します。「いま息を吸っている」「いま息を吐いている」ということにしっかり気づくこと。たったそれだけのことで、気分が落ち着き、頭がクリアになったことが実感できるはずです。

［手順3］自分の感情に意識を向ける

気分が落ち着いたら、自分がいま何を感じているか、どんな気持ちかを冷静に観察します。怒っているのか、悔やんでいるのか、うれしいのか、悲しいのか。誰かを妬んだり、自分の境遇を恨んだり、現状を嘆いたりする負の感情もないがしろにせず、しっかり気づくこと。自分の気持ちを受け入れ、認めてあげるだけで、実は、たいていの感情的な問題は解決します。解決しないのは、自分自身と向き合えていないから。嫌だからといって無視していると、しこりとなっていつまでも残ります。

［手順4］思考を整える

自分自身の感情と向き合うことができたら、最後に、「では、どうしたらいいか」を筋道立てて考えます。すでに状況を客観的にとらえることができているので、建設的で前向きな結論が出やすいはずです。自分が反省すべき点は反省し、あらためるべきところはあらためて、次の一歩を踏み出してください。

頭を空っぽにすると見えてくる

「［手順２］呼吸に意識を向ける」で、しばらく時間をとって、何も考えずに頭を空っぽにしてみるのもおすすめです。リラックスしてアルファ波が出ている状態になり、自分の潜在意識とつながることができます。

いったん頭が空になると、いろいろな想念が浮かんできます。ずっと昔にあった出来事や忘れていた思い出が、突如としてシーンとしてよみがえったりするのです。

いまになってなぜこの映像が出てきたのか、どんな意味があるのだろうと考えていくと、そこに意外な発見があり、おもしろいアイデアが見つかったり、悩みの解決策が突然思い浮かんだりするのです。

潜在意識とつながるときは、僕の中では、演劇などの舞台のイメージです。幕を開けると、いろいろな人物が出てきて、そこで勝手に演技を始めます。登場するのは毎回違ったキャラなのですが、過去にどこかで会った人たちです。

僕自身は舞台で起きる出来事に直接タッチすることはできなくて、ただの観客です。でも、舞台で繰り広げられるパフォーマンスには、何か隠された意図がある。それがわかった瞬間、舞台は暗転して、現実に戻ります。

思いもよらない気づきや発想を得る

頭を空っぽにする瞑想は、お酒を飲んだときの感覚にちょっと近いかもしれません。酔っ払って思考力が低下すると、気分がよくなってラフな感情が湧き起こる。急に悲しくなったり、人恋しくなったり、楽しくなったりして、バカなことを口走ります。でも、それは封印された過去の記憶だったり、抑圧された願望だったりするわけです。

瞑想では、それと似たような状態を意図的につくり出すこともできるのです。潜在意識とつながって、過去の経験や得られた知識や情報など、普段は意識しないことが出てくることで、気づきが得られます。それが直感と呼ばれるものの正体です。

瞑想がいいのは、お酒と違って、際限なくダラダラと飲み続けることもなければ、翌日二日酔いになって頭を抱えることもないということです。酔っ払って余計なことを口走って、翌日後悔するような失態もありません。

気づきを得たら即終了。短時間で建設的な結論が出やすいので、すぐに行動に移せるところも魅力です。

マインドフルネス実践のメリットとは？

現代のビジネスパーソンはつねに時間に追われています。競争の激しい時代に成果を生み出し続けるために、四六時中仕事のことが頭から離れず、気が休まる時間がないという人もいるかもしれません。

仕事の連絡も情報の入手も、いつでもどこでもスマートフォンでできるようになった結果、仕事とプライベートの区別がつきにくくなったという人もいるでしょう。

しかし、つねに全速力で走り続けて、自分を振り返る時間が持てないと、人間は自分を見失いがちです。長時間働いていると、仕事をしている気になるかもしれませんが、実はほとんど頭を働かさずに目の前のタスクをただ処理しているだけ、ということが少なくありません。

ときどき立ち止まって、自分を振り返る時間を持たなければ、どんどん流されていってしまいます。そんなときこそ、マインドフルネス瞑想が効果を発揮するのです。

忙しさに流されずに成長できる

たとえば、「この仕事はそれだけの時間をかける価値があるか」「もっと短時間で終わらせることはできないか」「自分でやるのではなく、誰かに任せたほうがいいのではないか」と仕事のやり方を工夫する場合。

さらに「より付加価値を高めるにはどうしたらいいか」「自分の成長につなげるにはどうすべきか」と仕事の位置づけを確認したり、「これは本当に自分がやるべき仕事なのか」「いま自分がやるべきことは何か」と優先順位を見直したりする場合には、いったん立ち止まって、自分がいま置かれている状況を客観的に見つめ直す必要があります。

そのまま流されてしまうと、二年や三年なんてあっという間です。惰性でダラダラ働き続けてしまうことになりかねません。知らず知らずのうちに、自分が錆びついていく働き方に陥ってないか、つねにチェックしていく必要があるのです。

一日の始まりや終わりに行なってもいいですし、一週間、一カ月、四半期、年単位など、ある程度のスパンで振り返るのもおすすめです。仕事が忙しければ忙しいほど、ひとり静かに振り返る時間をとることをおすすめします。

新たな気づきで問題解決ができる

解決できない問題に直面したときこそ、瞑想が効果を発揮します。僕も困ったときはできるだけ瞑想するようにしています。なぜ困っているかというと、いまの自分のレベルでは解決できないからです。次のレベルに行くためには、いったん立ち止まって、振り返ってみる必要があります。

たとえば何らかの対立があって、その対立を論理的に解決できないときは、いったん両方の考えを受け入れて、もっと大きな視点で眺めてみることです。メンタルの器を大きくして、自分の意見と相手の意見を同じ器に載せてみると、違うと思っていたことが実は同じことの裏返しだったり、同じ目的に向けて協力できる解決策が見つかったりします。瞑想してあらためて全体像をとらえてみると、自分の考えだけに凝り固まっていたときは見えなかった解決策が見えてくるのです。

自分がいま大量のタスクに忙殺されて、周囲で起きていることにあまり意識を向けていなかったとしても、瞑想したときに、ふと「そういえばAさんがこのあいだこんなことを言っていたな」といったことを思い出す。それがヒントとなって、自分の問題も別の角度から見られるようになるかもしれないし、新たなアイデアが得られるかもしれない。落ち着いて状況を振り返るだけで、問題そのものが解消してしまうことも少なくありません。

意思決定のスピードが上がる

マインドフルネスを習慣にすると、直感力が磨かれるので、意思決定のスピードが一気に上がります。限られた時間の中で、的確に判断を下せるようになるので、大きな仕事もスピード感を持って進めていくことができます。

第2章のイノベーティブシンキングでも述べたように、仕事はどこかで決断しないと終わりません。質を高めようと、いつまでも引っ張っていると、結局他の仕事が滞るし、不安や焦りも生じてきて、一つもいいことはないのです。

手持ちの時間ギリギリまで情報を集めて検討したら、あとは思い切って決定を下す。慣れてくると、決定のスピードもぐんぐん上がります。頭の中がシンプルになり、あれこれ思い悩む時間がどんどん減っていくからです。

僕は、モルガン・スタンレー証券にいたこともあるのですが、ご存知の通り、トレーダーの仕事というのは、大変な仕事です。数字に集中しなければならないけれども、一瞬の判断が求められるので、非常に直感力が必要なのです。

自分のこれまでの知識や経験、いま現在入手した情報、いずれにせよ限られた材料をもとに、一瞬で判断を下さなくてはなりません。緊張やプレッシャーの中、いかに注意を払い、落ち着いて完璧にパターンやトレンドを見て、判断するか。

ちょっと極端な例だったかもしれませんが、限られた時間の中で決断を下すことは、どの仕事においても重要です。必要以上に時間をかけすぎている仕事はないか、ときどき振り返ってみることをおすすめします。

パフォーマンスの安定性を確保する

普段からマインドフルな状態を保つようにしていると、緊張やプレッシャーに上手に対処できるようになるので、不安や焦り、苛立ちなど、ネガティブな感情に振り回されなくなります。心のエネルギーが極端に落ち込むことがなくなるのです。

これは、ポジティブな方向でも同じです。何かあっても、あまり喜びすぎないで、突っ走りすぎない。心のアップダウンの振り幅は少ないほうが、仕事のパフォーマンスは安定します。

マイナス10からプラス10へ、プラス10からマイナス10へ、振り幅が激しいと、心のメンテナンスに時間がかかります。マイナス方向に行っても普段はマイナス2～3くらいでとどめておき、プラス5前後の状態を維持できるようになると、安定して高いパフォーマンスを発揮できるようになります。それが「平常心を保つ」ということです。

瞑想をしていなかった頃の僕は、ワークハード、プレイハードの人間で、大学時代も勉強は真剣にやりましたが、パーティー、パーティーの連続で、かなりヤンチャな面もありました。どちらも頑張ろうと思うと時間がないから、つねに全力疾走です。

動物にたとえると、チーターです。仕事をするようになってからも、良くも悪くも働くスピードが速すぎると言われ、気がつくとチームで僕だけが突っ走っていて、メンバーは誰もついてこない。部下を置き去りにして、自分独りでひた走っていたのです。だから、ときどき立ち止まって周囲を見渡す。落ち着きを取り戻す。そういう習慣を身につけたのです。

コミュニケーションの質が高まる

いまこの瞬間に注目するマインドフルネスの効用は、個人のレベルにとどまりません。対人コミュニケーションやチームの場でも大いに効果を発揮します。相手の話を細大漏らさず聞くことで、より正確に理解するだけでなく、信頼関係も深まります。逆に言うと、たいてい聞いているつもりでも、実際には聞き流しているから、うまくいかないのです。

せっかくカフェで向き合って座っているのに、スマホをいじったり、窓の外を眺めたりして別々のことをしているカップルがいます。

二人でいる、いまこの瞬間が大事なのに、「夕飯は何を食べようか」「この後どこに行こうか」と先のことばかり心配したり、逆に「あのときこうしておけばよかった」「昨日の失敗が……」などと過去のことばかり思い返したりしていれば、相手に伝わります。目の前に相手がいるのに、その人の存在に注目していないのです。

心ここにあらずの人と一緒にいてもつまらない。ビジネスでもたまにそういう人に出会います。本人は話を聞いているフリをしていますが、気持ちが全然入っていなくて、目も合わせようとしない。無表情で、何を考えているかわからないから、そういう人と一緒に仕事をしたいとは思えません。

僕の友達のエグゼクティブコーチも、「一緒に飲みに行きたいという人じゃなければ一緒に仕事なんかできないよ」と言っています。お酒が入って、一緒に過ごすことに苦労するようなら、いい関係は築けない。直感的に、そのことがわかっているのだと思います。

ミーティングに瞑想を取り入れる

マインドフルネスをチームに取り入れると、どういう効果があるでしょうか。僕も、世界中に散ったチームメンバーと電話会議をするとき、実践してみたことがあります。

ミーティングの前に全員で一分間、瞑想の時間をとります。たったそれだけのことでメンバーの気分が落ち着き、頭の切り替えがスムーズにできて、建設的な議論になりやすいのです。あわせて、このミーティングの目的を確認しておくと、何が大事で何が大事ではないかの見極めがつきやすくなります。

議論が予期せぬ方向にズレてしまったとき、あるいはお互いに熱くなりすぎて、その場の空気がよくないと感じたら、いったん休憩してみんなで深呼吸するという手もあります。呼吸を整えれば、冷静さを取り戻すことができます。高ぶった気持ちを落ちかせるというのが、マインドフルネスのいちばんわかりやすいメリットの一つです。

体調管理をおろそかにしない

僕はいつもマインドフルな状態でいようと心がけているから、姿勢を正し、呼吸を意識するというのを普段から実践していますが、大事なプレゼンテーションの前とか、大きな交渉事の前には、気持ちを落ち着かせるために、きちんと時間をとって瞑想したり、散歩したりしています。家にいるときは、昼でも風呂に入ってリラックス。一時的にパソコンやスマホから離れるのが重要です。

そういうときは、自分を振り返って頭の中を整理することもありますが、大変なときほど、できるだけ頭を空っぽにする時間をつくろうと意識しています。湯船に浸かりながら、気持ちいい「いまこの瞬間」を味わい尽くす。数時間後の商談のこと、プレゼンの出来など、心配しだすとお風呂タイムを楽しめないから、余計なことを頭から追い払って、いまに集中する。そうすると、気持ちもリフレッシュできて、仕事もたいていうまくいきます。

大変だからといって、いつまでもくよくよ思い悩んでいても、パフォーマンスが落ちるだけです。本番で力を発揮するためにも、気分の切り替えが必要です。

僕はそれだけリラックスして「いまこの瞬間」に注目しているので、思わず時が経つのを忘れてしまうことがあります。

ふと気がついて時計を見たら、約束の時間に間に合わない。それで慌てて出かけるというのは笑い話ですが、慌てたときこそ深呼吸。姿勢を正し、呼吸を整えて、待たせてしまった相手に笑顔で「ごめんなさい」と言えば、たいてい許してもらえます。

徹夜のハイテンションでは限界がある

ベンチャー系のエンジニアの中には、忙しすぎて家にも帰れず、何日も会社に泊まり込んでいるという人もいますが、睡眠をおろそかにして、高いパフォーマンスを発揮することはできません。

食事も大事ですが、睡眠はもっと大事。人間は一〇日間何も食べなくても水さえあれば生きられますが、一〇日も眠れなかったらはっきり言って生命の危機です。睡眠時間が五時間以下の日が数日続いただけで、脳が酔っ払った状態に近いパフォーマンスしか発揮できなくなるという研究結果もあります。

飲酒運転は、自分が思っている以上にとっさの判断力が低下し、判断してから行動に移るまでの時間が遅れるので禁じられていますが、それと同じような状態に脳が陥ってしまうのです。

仕事で徹夜していると、妙にハイテンションになって「自分は何でもできる」という万能感を持つ人もいるようですが、それはすべて幻想です。判断力・行動力ともに落ちているのに、それに気づいていないだけです。さらに、慢性的な寝不足は、脳に不可逆的なダメージを与えてしまうという報告もあり、徹夜自慢などしている場合ではないのです。

僕はよく波の音を流しながら寝ています。よく眠れた次の日は体調もいいし、仕事にも集中できます。睡眠不足ではいい仕事はできません。

ハードなランやエクササイズは必須ではない

マインドフルネスは自分のエネルギーを上手に管理して、さまざまな気づきを得ながら、高い集中力を発揮する方法ですが、その土台には、体調管理が欠かせません。よく眠り、よく食べ、適度に運動する。日本で言う「心技体」に近いものだと思います。

運動するといっても、ハードなランニングや筋トレは必須ではありません。散歩が好きな人は散歩すればいいし、そんな暇はないという人は、部屋を掃除するだけでも身体を使います。週末に山に登る、ジョギングをする、プールで泳ぐ。音楽を聴く、お風呂に入る、親しい人と会ってご飯を食べる。人によってやり方はいろいろです。あまり難しく考えずに、自分がすぐにできる方法でやればいいのです。

日本の伝統的な暮らしこそマインドフル

さらに言えば、日本の人はもっと自分たちの伝統的な暮らしを見直すべきです。先にも述べましたが、マインドフルネスは「禅」がルーツです。アメリカの脳科学の成果だとか、グーグル発のトレーニング方法だとかいって、日本の人がやたらありがたがる風潮は、僕はちょっと不思議だなと思っています。

日本には至るところにお寺があります。お寺に行けば、お坊さんのありがたい話も聞けるし、坐禅体験をさせてくれる禅寺も探せば見つかるでしょう。それなのに、なぜわざわざカリフォルニアで仏教を少しかじった人の話だけをありがたがって聞くのか。正直なところ、よくわかりません。

禅に限らず、合気道にも生け花にも茶道にも、身体と心、ボディとマインドをつなげて軸をつくり、どんな状況になってもブレない生き方を目指す、というシンプルな日本の伝統が息づいています。

さらに日本には、温泉もあるし、湯船に浸かる習慣があって心身はリラックスできるし、和食はバランスがよくておいしいし、マインドフルになれる暮らしが生活のすみずみにまで行き渡っている素晴らしい文化だと思います。

日本にとっての近代化は西洋の文化を取り入れることだったかもしれませんが、昔ながらの日本人の生活の中に、現代人に求められる要素が全部入っているのです。これを取り入れない手はありません。

いい仕事をするためにシンプルに暮らす

僕の母親のいとこのおばあさんは九〇歳を越えてまだポーランドの小さな村で元気に暮らしています。彼女は学校にもろくに行っていないし、戦争で夫も息子も亡くして、大変な人生を送ってきたのですが、考え方がとてもシンプルです。

複雑なことは一切考えない。でも、自分の身体の調子はいつも気にしています。身体が動かないと働けないからです。農業を通じて自然とともに生きてきたから、身体を整えることの大事さが身についていています。元気がいちばん。とてもシンプルな法則です。

知識として学ばなければいけないことと、生きることは違います。たとえば自分の専門分野については、最新の研究論文やデータなど、いろいろ調べてキャッチアップしておく必要がありますが、普段の生活はあまり深刻にならずに、シンプルに生きることを心がける。人間関係についても、考えすぎないように気をつけておかないと、すぐにややこしくなってしまう。きちんと睡眠をとって、きちんと食事をとる。人と会って話をする。シンプルな暮らしが幸せに生きるコツではないかと思います。

マインドフルネスも知識として学ぶというよりも、日本の伝統に則って、シンプルな暮らしを心がければ、自然と体得できるのではないでしょうか。姿勢と呼吸を整え、波打つ感情を上手にコントロールする技術は本来、日本人の得意分野だったはずです。

あれこれ考え出して必死になっていると、どうしても息が浅くなる。そういうときこそ、いったん立ち止まって、深くゆっくりとした呼吸を取り戻す。それを意識するだけで、だいぶ違ってくるはずです。

第10章

リーダーシップ
プレゼンス

影響力を発揮するために

言っていることと　やっていることを一致させる

リーダーシップは誰でも発揮できるものですが、「今日から自分がリーダーだ」と言うだけでは、誰もついてきてくれません。まわりの人から、リーダーがリーダーと認められるためには、「リーダーらしさ」が必要です。それがリーダーの存在感、リーダーシッププレゼンスです。

では、リーダーにふさわしい存在感とは、どのようなものでしょうか。

リーダーらしさは、その人の言動や立ち居振る舞いから自然と感じられるものです。あの人の言うことなら聞いておこう。そう思われるのがリーダーです。

逆に、言っていることとやっていることが食い違っている人、言動に一貫性が感じられずブレまくっている人、話している最中に目を合わせない人、いつもオドオドして自信が感じられない人は、誰からも信頼されず、まわりの人を動かすことができません。

人の気持ちや行動は伝播する

霊長類をはじめとした高等な生物には、ミラーニューロンと呼ばれる神経細胞があります。他の個体が行動するのを見たときに、自分が行動したのと同じように働く神経細胞で、あたかも「鏡」に映し出されたような反応をすることから、このような名前がつきました。

別の誰かがやったことに対して、まるで自分のことのように共感できるのも、このミラーニューロンの働きによるとされています。イヌやネコと遊んでいるだけで楽しい気分になれるのも、同じ原理かもしれません。

つまり、自分の一挙手一投足は、身近にいる人たちに影響を与えるのです。自分が緊張していたら、その緊張は周囲に伝わるし、怒りで震えていたら、その場の空気は凍りつきます。もしもリラックスしていたら、まわりの人も気が楽になるし、仕事に集中していたら、周囲の人の集中力も高まるのです。

だからこそ、リーダーには、精神的に安定していることが求められます。

上司が気分屋で、日によって上機嫌のときもあれば、不機嫌で周囲に当たり散らすときもあるような状況では、部下はつねに同じようなパフォーマンスを発揮することはできません。あの人は今日は機嫌が悪いから声をかけるのはやめておこう、怒られるかもしれないから黙っておこうというのでは、安心して自分の仕事に取り組むこともできません。

自分の感情をコントロールするには、第8章のエモーショナルインテリジェンスでも紹介しましたが、自分のセンターラインを意識して、軸をしっかり保つことです。背筋を伸ばして正しい姿勢を保っている人は、それだけで自信にあふれて見えます。ブレない心、ブレてもすぐに立ち直る姿勢が、リーダーらしさにつながるのです。

口で言うよりも態度で示したほうが早い

リーダーシップは、行動のロールモデルでもあります。口で言うだけではなかなか理解してもらえないことでも、自分が実際にやってみせれば一発で伝わる。説得するより、真似してもらったほうが早いことも多いのです。

相手にこうしてほしいと思えば、まず実際に自分でやってみる。会議で議論が紛糾したときに、「落ち着けと言ってるだろう!」などと怒鳴ったりすれば、その場の雰囲気はますますトゲトゲしく荒れたものになるでしょう。

みんなに落ち着いてほしければ、まずは自分が落ち着くこと。気を鎮め、ゆったりとした口調で話しかければ、自然とその場の空気も落ち着いていきます。

逆に、チームがたるんでいる、仲良し集団になりすぎて厳しさが足りないと感じたら、怒ったフリをしたり、ピシャリと厳しい言葉を言ったりすれば、適度な緊張感を与えることもできます。

僕はよく、部下が論理的に説明してもなかなか行動に移さないときに、怒ったフリをします。本人の目の前では怒った演技をしつつ、その場から去るときは本人に見えないように笑っていたりする。それも一つのやり方です。

人間は言葉のやりとりだけでコミュニケーションをしているわけではありません。身振り手振り、姿勢、話すときの表情、視線の向き、声のトーン、話すスピードなど、むしろ言葉以外のノンバーバルコミュニケーションの比重のほうが高いとさえ言えます。

言行一致がリーダーの基本

誤解されがちなのは、リーダーらしさが必要といっても、入試問題の正解のように、ただ一つの「正しいリーダー像」があるわけではないということです。むしろ、人の数だけリーダーらしさがあると言ったほうがいいかもしれません。

自分のアイデンティティ、自分が拠り所とする価値観を自分でしっかり認識できている人は、自然とそれが態度に表れます。

たとえば、他人に優しくしたいと思っている人は、人と接したときに、自然と柔和な表情になり、親しみのこもったしぐさで、相手の心を開かせます。責任感の強い人は、自分の発言に責任を持ち、言ったことは必ず守ろうと努力します。どれが正しいということではなく、どれもその人らしいリーダーシップのあり方です。

ところが、なかには、何を大事にするかという自分の価値観がはっきりしない人がいます。そういう人はたいてい、言っていることとやっていることが一致せず、周囲の人を混乱させます。言行一致こそ、周囲の人から信頼を得るための第一歩なのです。

リーダーは、自分がこうありたいという姿と、自分の言動を普段から一致させるように気をつける必要があります。そうでないと、相手を不安にさせてしまいます。

「怒っていない」と口では言いながら明らかにムッとしているとか、「あなたには期待しています」と言いながら相手の目を見ていないとか、そういう一つひとつの態度が、メンバーの信頼を失っていくのです。

いち早く信頼関係をつくるために

人間ですから、頭に来ることもあれば、悲しいときもあるでしょう。ビビッて緊張するときもあれば、心の底から喜んでいるときもあります。うれしいときは素直になれても、そうでないときはむっつり黙って感情を表に表さない人もいます。

リーダーにとって、感情のコントロールは大切です。しかし、そのために感情を押し殺すとか偽るというのは、少し意味が違います。

「怒っていない」「緊張していない」と否定しても、相手はあなたの感情を敏感に感じ取ります。そういうときは、自分はいま怒っている、プレッシャーを感じているということを素直に口にしたほうが、かえって人間として信頼されやすいのです。

まわりにしてみれば、「あの人はああ言っているけれど、実は違うことを思っている」といちいち疑いたくなってしまう人より、言行一致で裏表のない人のほうが、一緒にいて安心です。相手に不信感を抱かせないことで、リーダーシップは発揮しやすくなるのです。

さらに言えば、これからの職場は、年齢、性別、経歴、国籍が異なる人たちと一緒に働く機会が増えていきます。そうしたメンバーとも、いかに素早く信頼関係を構築できるかが、リーダーシップを発揮していくうえで大きな課題となります。

日本語で「リーダーの風格」と言うと、「黙って俺についてこい」という寡黙なイメージですが、感情を素直に表に出して、オープンな姿勢でいたほうが、さまざまな人から受け入れられやすいはずです。

もちろん、リーダーらしさは人それぞれなので、カリスマ性のあるマッチョなリーダーもいれば、静かに優しく人に影響を与えるリーダーもいますが、オープンな姿勢は、どんなリーダーにも共通して求められる重要なポイントです。

時と場合によってスタイルを使い分ける

日本では、いったん決めた方針を変えず、最初から最後まで首尾一貫していることがよいリーダーの条件とされることが多いようです。

しかし、言行を一致させることと、いったん口にしたことを頑として変えないことは、似ているようで、実はまったく異なる働きです。

前者は、その時々に言ったこと、思っていることと行動を一致させるだけなので、状況が変われば、当然意見も変わります。その瞬間、その瞬間で最適な結論を得ようとするので、臨機応変な対応ができるのです。

後者は、こうと決めたら頑なにそれを守ろうとするので、状況の変化に対応できません。最初の方針がブレないと周囲の人はついていきやすいかもしれませんが、もし方針が間違っていた場合は、途中で修正できずに、傷がどんどん深くなります。

大切なのは、柔軟性

リーダーに求められるのは、前者の言行一致です。古い伝統や慣習にも切り込んで、よりよい組織へと変革していく行動が真のリーダーシップです。

みんな心のどこかで「おかしいんじゃないか」と思いながらも、空気を読みすぎて誰も反対意見を言わず、気がついたときには取り返しがつかなくなったというのは、日本を代表するような大企業でも、ときどき見られる失敗です。

大事なのは、いったん決めたことを守り通すことではなく、時と場合によって、その都度、最適な結論を考え抜くことです。前回はこう言ったけれど、間違っていたのなら、「ごめんなさい、間違っていました」と素直に謝罪できることのほうが、首尾一貫していることよりはるかに重要です。

大事なのは、柔軟性です。状況は刻々と変わるし、自分の感情も、まわりの人たちの感情もどんどん変わります。いまこの瞬間に注目して、その時点でのベストを探る。それこそ、正しいリーダーシップのあり方です。

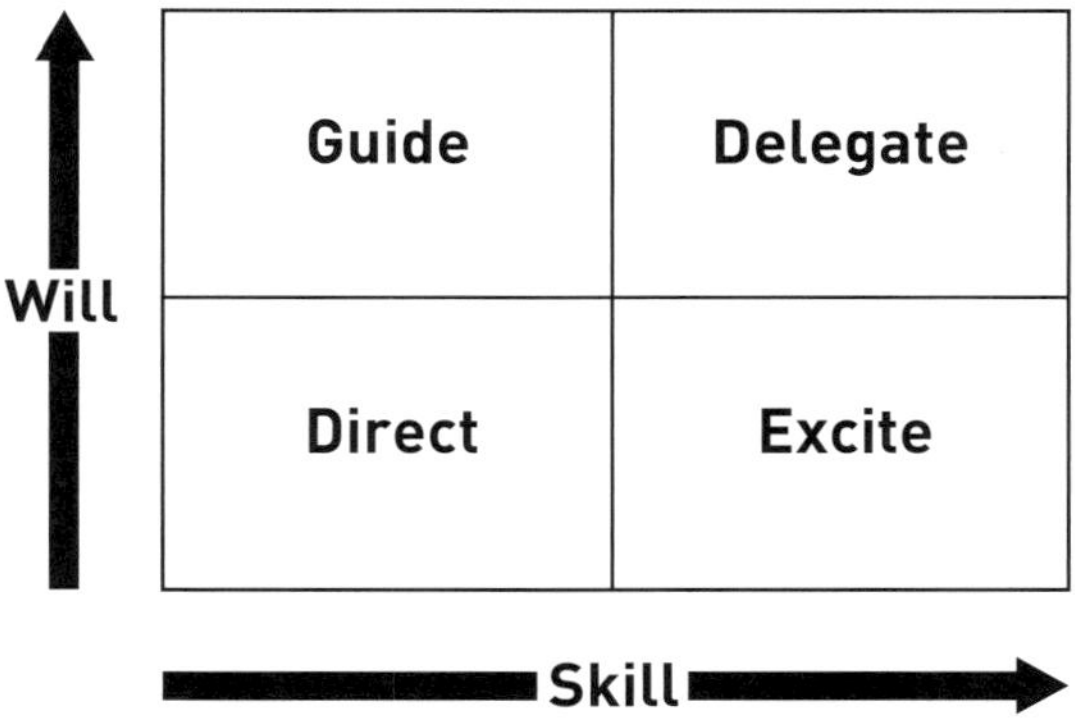

[スキル/ウィル・マトリックス]
縦軸がウィル（やる気）、横軸がスキル。相手によって使い分けることで最大の成果が生まれる

相手によって接し方を変える

柔軟性をさらに一歩進めると、時と場合によってリーダーシップの発揮のしかたを使い分ける「シチュエーショナル・リーダーシップ」の考え方に行き着きます。

スキルの高低とウィル（やる気）のあるなしで分類した「スキル／ウィル・マトリックス」が有名ですが、たとえば、スキルが高いけれどやる気がない人は、やる気を刺激するコーチングが有効です（上図右下の「Excite」）。スキルがないけれどやる気だけはあるという人には、直接仕事を教えるガイド役が必要です（左上の「Guide」）。スキルとやる気の両方持ち合わせている人には、そのチームを代表するのにふさわしいポジションと権限を与えて、意思決定に参加させれば、さらに能力を発揮してくれるでしょう（右上の「Delegate」）。

相手によってふさわしい接し方が違ってくるので、ときに優しく、ときに厳しく、接し方を使い分ける必要があるのです。

人当たりが厳しくて、感情の起伏が激しい人は、仕事を依頼するときも頭ごなしになりがちで、上から目線で教え込もうとするので、相手の能力をうまく引き出せません。逆に、いつもフレンドリーでニコニコ笑っているだけの人は、チームを鼓舞して是が非でも目標を達成するという局面では力を発揮できないかもしれません。

だからこそ、相手に応じて、どちらも使いこなせる柔軟さが大事なのです。

飾らない姿で心を開く

僕自身は「ワークハード、プレイハード」、仕事も遊びも徹底的にやるタイプなので、コンサルタントとして仕事をしているインテリなピョートルと、いたずら好きのふざけたピョートルを使い分けています。

ふざけたピョートルしか見たことがない人が、研修でときどき怒ったふりをするピョートルを見ると、すごく驚きます。逆に、飲み屋のピョートルしか知らない人が生真面目な顔で人と話しているピョートルを見ると、そのギャップに思わず笑い出したりします。

でも、それがフレキシブルということで、ＴＰＯ（時と場所、場面）に合わせて使い分けているのです。

普段仕事でとても厳しい人が、茶目っ気のあるところを見せたり、実はおっちょこちょいだったりすると、人間的な魅力が増します。上司と部下だからといって、壁をつくらず、オープンに接していれば、自然と親しみが湧くものです。裏表のない人、ウソのない人ほど、まわりの人からの信頼も厚くなるでしょう。

人を魅了するストーリーテリング

魅力的なリーダーは、ストーリーテリングの達人でもあります。

よくできたストーリーは周囲の人々の心に浸透します。特にネット上の口コミで評判が広がっていく様子をウィルス（virus）の伝播になぞらえて「バイラル（viral）」と言いますが、まさにウィルスのように広がって、まわりの人に影響を与える。それがストーリーの力です。

語りの文化は、まだ文字がなかった時代まで遡ります。自分たちの先祖の由来も、天変地異の恐ろしさも、猛獣たちの狩りのしかたも、全部口伝えによって代々受け継がれてきたものです。事実を事実としてただ並べるのではなく、ストーリーに乗せて語り伝える。だからこそ、みんなの記憶に刷り込まれ、生きていくための知恵として大事にされてきたのです。

リーダーは現代の語り部

あるメッセージを伝えるときに、ストーリーに落とし込んで語る技術はとても重要です。コンサルタントの仕事の中には資料づくりも含まれますが、さまざまなデータを分析して何十枚もの詳細なレポートをつくったとしても、それを一分間で語れないようであれば、プロとして失格です。

たとえば、データを分析して、どれだけ見栄えのいいグラフをつくっても、そこにストーリーがなければ、「ふうん、それで？」でおしまいです。データを分析した結果、こういう仮説が出てきたので、それを実地に試すためにサンプル調査をしたら、仮説の正しさが証明された。そこで、次は大々的にこういう施策を打ってみてはどうか。このように筋道のあるストーリーに落とし込むことで、はじめて相手を動かすことができます。

あるいは、問題解決型のストーリーを組み立てるときに参考になるのは、第8章で紹介した「ヒーローズ・ジャーニー」です。主人公はあるとき問題に気づき（問題発生）、旅に出ます。旅先ではさまざまな困難に遭いながら（試行錯誤）、目的を達成します（課題の克服）。それによって主人公の価値観は大きく変わり（成長）、地元に帰ってきます（成果を還元、次なるアクションへつなげる）。神話のようにダイナミックなストーリーに載せて語ることで、聞いている人は腹落ちしやすくなるのです。

リーダーシップを発揮してまわりの人を動かそうと思ったら、いい語り部であることは欠かせません。

あえて間接的に伝える効果

ストーリーテリングには、もう一つ別の効果もあります。相手に何か改善してほしい点があるときに、そのことを直接指摘するよりも、似たようなストーリーで説明したほうが、相手の気づきを引き出すことができるということです。

たとえば、あるクライアントから部下が育たなくて困っていると相談され、いろいろ調べてみたら、どうやら問題なのは部下ではなく、上司であるクライアントだった、というケースでは、本人に「あなたが問題だから直してください」と言っても、おそらく何も変わりません。そこで、別の会社の話をするのです。

その社長がすぐに爆発して部下を怒鳴りつけるのが問題だとしたら、感情的な社長に振り回されて苦労している会社の話（仮にA社とします）を語り聞かせます。そうすると、たいていない「ひどい会社だね」という感想を持つはずです。ただ、まだ自分のこととは気づいていない。そこで今度は、感情的だったA社の社長が部下の一言（たとえば、腹心の部下が辞表を片手に社長を諫《いさ》めて和解したとか）で改心して、相手の話にじっくり耳を傾けるようになったというストーリーを語り聞かせます。社長が「なるほどな」と納得したようなら、しめたもの。次から、社長が怒りそうになったら、「A社の話を思い出して」と一言声をかけるだけで、グッと気持ちを抑えることができるかもしれません。

相手に直接改善点を伝えると感情的な反発を招きやすいことでも、メッセージをストーリーの中に紛れ込ませることで、受け取る側の心理的なハードルがグッと下がるのです。内容によっては、ストレートに指摘するよりも、それとなく提案したほうが相手も気づきが得やすく、それこそウィルスに感染したかのように、いつのまにか行動原理が変わっている。ストーリーをフィードバックに使うと、そうした効果も期待できます。

いかに相手の目線に合わせるか

先日、FinTechのスタートアップの記者会見のお手伝いをしました。株式会社お金のデザインが運営する、個人向けオンライン資産運用サービスＴＨＥＯ（テオ）です。ロボアドバイザーが、世界中のETF（上場投資信託）の中から最適なプランを提案してくれる画期的なサービスで、今年二月のサービス開始にあたって、会見を開くことになったのです。「金融を民主化する」というミッションを掲げる、ファウンダーの谷家衛さんとともにスピーチを行なう若きリーダーたちは、モルガン・スタンレーや、グーグル、マッキンゼー出身の優秀な人ばかり。しかし、そんな頭のいい人たちがつくる「かっこいい」メッセージは、やはり数字や難しい言葉が多くなりがちです。

一方、THEOは、一般消費者向けのサービスです。スマホで一〇万円から、たった九つの質問に答えるだけで、始められるようになっています。

それこそ金融知識なんてまったくないごくごく普通の人たちがお客様です。そうした相手の目線に合わせて話せるかどうかで、スピーチの成否は決まります。

投資未経験の若者が「新しくてなんだかおもしろそう」、さっき道ですれ違ったおばあちゃんでも「これなら簡単だし安心」、お茶を買うコンビニの店員さんが、「一〇万円なら私もできる」と思ってくれるようなメッセージでなくてはなりません。

そんなときは、メッセージを極力シンプルに削ぎ落として、再度つくり込んでみることです。「なぜ?」を繰り返して掘り下げれば、「なぜ、このサービスを立ち上げたのか」の

［THEO（テオ）の記者会見後の様子］
2016年2月にサービスを開始。資産運用未経験の若い世代を中心に利用者が伸びている

ストーリーが明確になります。

さらには、「どう伝えれば、その人がサービスを使ってくれるか」をディスカッションしていくこと。より的確な言葉やアプローチが見えてきます。

こうして練り上げたストーリーだからこそ、相手の感情を揺さぶり、相手の心を惹きつけるのです。

「私」「私たち」を主語にして話す

リーダーシップを発揮していると、自ずと人前でのプレゼンやスピーチの機会も増えます。なかでも、いちばん盛り上がるのは、自分自身の失敗談や苦労話です。

大型プロジェクトに挑戦し、失敗と挫折の

連続で大変だったけれど、それを乗り越えたからこそいまがある。喜怒哀楽を包み隠さず話すことで、話し手の人柄がストレートに伝わります。それによって、相手の心をつかむのです。

さらに言うと、これは聞き手のためだけでなく、話し手のためでもあります。僕はエグゼクティブのスピーチをコーチングすることがときどきあるのですが、たとえば「○○の未来と展望」とか、「○○の最新事情」といったテーマで、何かの状況について説明するだけのスピーチは、正直聞いていてちょっと退屈です。話している本人も表情が固く、あまり楽しそうには見えません。そんなとき僕は、一つ二つでいいので、個人的なエピソードを入れるように提案しています。

特に日本人は主語を省いたり、会社や状況など第三者を主語にしがちですが、ここはあえて「私（I）」あるいは「私たち（We）」を主語にして話してもらいます。あまりジェスチャーをしない人も、自分のこととなると、思わず大きな身振りで語り出すから不思議です。

普段は寡黙な人がアメリカ人のようにオーバーアクションをするのは、見ていて心地よいものです。一生懸命話していることが、ダイレクトに伝わってくるからです。自分自身のストーリーだからこそ、言葉に熱がこもり、説得力が増すのです。

誰かからの借り物の言葉ではなく、自分の言葉で語ること。個人的な体験をベースに語ること。これも、魅力的なリーダーになるためのスピーチ術の一つです。

大事なメッセージは一つだけ

そして、数分から数一〇分のスピーチで伝わるメッセージは一つか二つ。どんなに盛りだくさんな内容を準備しても、相手の心に届く言葉は限られています。その数少ないメッセージを確実に届けるために、ストーリーを組み立てるようにします。

メリハリがなく、全体を通じて平板なスピーチは、まったく印象に残りません。よく何十枚もスライドを用意して、「今日のアジェンダは全部で六点あります、一つ目は……」のように、全部並列に並べただけのプレゼンがありますが、あれでは何を伝えたいのか、まったくわかりません。どんなに多くても、人は同時に三つ以上のことを覚えることはできないので、本当に伝えたいメッセージは一つか、多くても二つに絞るべきです。

そのうえで、話の序盤は、聞き手の興味・関心に引き寄せて相手の心をわしづかみにし、大事なポイントにさしかかったら、自分の実体験を交えて話を盛り上げる。そうして、いちばん大事なメッセージを確実に相手の心に刻み込むのです。

最後にモノを言うのは、その人の価値観や信念です。自分の存在意義をかけて発せられた言葉は力強い。逆に、「今期の売上目標は○○億円です」「一人あたり○%増です」のように、数値目標を掲げるだけでは、相手は動いてくれません。数字には、自分のプライドをかけるだけの価値がないからです。

どうしても数値目標を達成したいときは、一人ひとりが何をどうすればその目標を達成できるのか、具体的な行動レベルまで落とし込んでストーリーを組み立てれば、相手も納得しやすいはずです。

リーダーがどんなストーリーを描くかで、結果は大きく変わってきます。チームの動きが変わり、組織の動きが変わり、多くの成果を生み出していく。新しい挑戦が始まることで、世界をどんどん変えていくのです。

あとがき

最後までお読みいただき、ありがとうございました。

僕は一九七五年にポーランドで生まれました。当時のポーランドは共産主義でソビエト連邦の影響下にありましたが、一九八一年に独立自主管理労働組合「連帯」は民主化運動を始めたため、一二月一三日戒厳令が公布され、一九八三年までポーランドは北朝鮮のような国でした。世界の国々が経済封鎖をしてポーランドをボイコットしたのです。

八〇年代に食料が配給制になって、母が毎月区役所に足を運び、割り当てクーポンをもらっていました。たいていスーパーにはパンと酢しか置いておらず、突然肉が届いたりすると、人の長い列が店の前にできたものです。とはいえ、とうていみんなに行き渡る量ではなく、食料はいつも不足していました。

僕は五〇人しかいない山の中の小さな村で五人家族で育ちました。まわりには、大学はおろか高校さえ卒業した人がいませんでした。それでも父と兄が読書家だったおかげで、家に本がありました。いちばん上の兄が僕を可愛がってくれて、どんどん本を買ってくれました。

おかげで勉強が大好きになった僕は、一九八九年に高校に入ることにしました。共産主義なので、労働者が優先され、職業学校を卒業後には仕事が国から保障されていた時代です。大学を卒業しても給料が変わらず、友人や親戚に笑われました。「職業を身につけないなんて、バカだ」と。

それでも僕は、ニュースなどを熱心に見ていて、共産主義が終わるんじゃないかという直感がありました。そして語学を学びたかった。外国語が話せると海外に脱出するチャンスがあるかもしれないと思ったのです。それに、もしポーランドが資本主義になったら教育が大事になると思いました。時代の変化を先読みをしようとしていたのです。

鉄のカーテンが消滅したとき、まわりの人たちは、これでポーランドが資本主義で豊かな国になると喜びました。町の工場が民営化され、隣のドイツなどの企業が安いお金で引き取りました。それで給料が上がると思っていたら、なんと海外の企業は工場を次々クローズして、海外でつくった商品を輸入して国の市場を独占してしまいました。僕が住んでいた地域の失業率が急激に増えて、村人がほとんど仕事を失いました。物価も高くなって絶望的な状況になったのです。

当時僕は高校三年生で、お金がないから大学に行けないと思いました。学校をやめてドイツに渡り、ポーランド人労働者を採用する農業派遣会社で出稼ぎをしました。たった一日で、父がポーランドでもらっていた一カ月分の給料（約七〇〇〇円）の二、三倍を稼いだのです。

それでもある日、病気になった母の「お前は勉強が好きだったじゃない？」というひと言で、僕はポーランドに戻って高校を卒業。その後必死に働きながら、同時並行で大学で言語学、心理学、社会学、マーケティング、ジャーナリズムと広報を勉強しました。

三つの大学院に行って、海外の大学でも勉強しました。言語学の博士課程をやめて、千葉大学で日本人の消費行動を研究しにきました。その後社会人になっても、また仕事をしながら再び大学院に戻りました。そうしていまの仕事にたどり着いたわけです。

ちなみに高校に行っていなかった同級生や親戚、友人はどうなったか。ポーランドはＥＵに入って大きく変わり、大学を出ている人たちの生活水準が高くなりました。ただ、教育を受けてない多くの人は失業し、いまも時代の変化に翻弄され続けています。

僕をかわいがってくれた兄もその一人です。長年の失業に絶望し、「人生意味がない」と口にするようになり、僕が大学の二年生のときに事故で亡くなってしまいました。

そんな兄の言葉を聞いて、僕は「人生に意味をもたらすしかない」と強く思いました。変化を予測することができなくても、自分なりの先読みをして、責任を引き受けて準備をする。それを自分の人生のミッションにして、仕事にしたのです。

Learn, Relearn, Unlearn

学ぶことが大事です。ただ、知識を増やす（learn）だけではありません。自分の世界にどんな仕組みがあって、どんなルールがあるかということをしっかりわかったうえで、リスクを把握して、チャンスを探すことです。

コウモリのように環境をスキャンして、トレンドなどを見極めることは大事です。それで自分の環境やコミュニティの常識が時代遅れで通用しなくなっているのではないかと気づいたら、学び直す(relearn)の必要があります。完全に時代遅れになった考え方、価値観や信念は手放す(unlearn)べきです。

これらはすべてリーダーシップの範囲です。なぜなら、従来の自分の枠を超えて、新たな一歩を踏み出す勇気がリーダーシップだからです。

日本は生産経済で成長してきました。生産率を上げるために、社員に勤勉さと服従が求められ、さらにナレッジエコノミーに発展すると、それに知能が追加の条件となりました。

しかし、これまで大切にされてきた、勤勉さや服従、そして知能は、これからAIなどによって低コストで自動化されていきます。これからのクリエイティブエコノミーの世界では、「仕事＝新しい価値をつくる」ということになります。

さまざまな仕事が機械に取って代わられる時代、それでも人間にしか発揮できないのが情熱と創造力と率先、それこそが「リーダーシップ」なのです。

最後になりますが、ここで僕がグーグルで特にお世話になったリーダーシップあふれる部下三人に謝意を表しつつ、本書の結びとさせていただきます。グーグルのような流動性の高い会社では、チーム体制が頻繁に変わり、所属もかなり動くのですが、たまたまそのとき東京オフィスにいた三人と僕は出会いました。

まずは一人目は、アメリカ人のマイケル・アヌジズ（Michael Anuzis）。ミシガン生まれで、大学卒業後、会社を二つを立ち上げました。グーグルのミッションが大好きなので、入社したのですが、また新しい会社を設立したり、とても起業家精神が強い人です。

彼は10Ｘやムーンショットのアイデアが豊富です。熱中すると、率先して自身の二〇％プロジェクトを本業に据え、一年ごとに、まったく新しい仕事をやっていました。現在はGeorgia Tech（Georgia Institute of Technology）の大学院で勉強しながら、アメリカのＮＰＯに携わって不動産投資も行なっています。僕が入社したとき、僕の部下なのにメンターになり、毎日のようにストレートなフィードバックをくれました。モルガン・スタンレーから転職してきた僕の金融業界の癖を直してくれたり、もっとGoogley（グーグルらしい）なマネジャーになるためのサポートをしてくれました。

二人目は長谷川綾花さん。日本人ですが、インドで生まれ、スリランカとインドで育ちました。グーグルに採用担当として入って、新規営業でバリバリ仕事をしていました。教育に興味があったので、新入社員へのプロダクト教育を担当。教えるのがとても上手なので、人材育成チームにスカウトしたのです。現在は、また営業に戻っています。

彼女は、「無駄をなくす」や『いまやらなきゃならない』誰もやりたくない困難な面倒臭そうな仕事やプロジェクト」に、率先して興味津々に関わっていくのが大好きです。

そんな彼女は、二つの面を兼ね備えた素晴らしい人です。まず空気を読むのが上手で、空気を読みながら日本語でとても丁寧に話す。そして、大事なフィードバックや指摘をするときには、ストレートな、少しインドの訛《なま》りの入った英語で上手に空気を壊す。

ある日彼女が、「クレープ食べに行かない？」と僕を誘って、六本木ヒルズの下にあるお店に連れて行ってくれたことがあります。そのときに、「P《ピー》ちゃん、あのね」と日本語で始めて、そのあと英語でいろいろ僕のKYなところをいっぱい指摘してくれました。

三人目は小川高子さん（かっこちゃんと呼ばれる）。かっこちゃんとは採用チームで二年間ぐらい一緒に仕事をしました。社交的なのにデータ分析が大好きで、自分でもプログラミングを学んでいました。データベース作りなど、自発的にいろいろなプロジェクトに関わっていたので、彼女も人材育成のチームにスカウトしたのです。現在はGoogle本社で採用プロセスデザインのプロジェクトマネジャーを務めています。

発想力と行動力を兼ね備えた彼女は、Googleアジアパシフィック人事部門"Most Innovative & Creative"アワード受賞者でもあります。彼女がGoogle People Analyticsの調査から学んだ「イノベーションは会議室で起きない」を実践すべく、毎週金曜日の三時半に六本木ヒルズのRigolettoに集合して、ミーティングを開催。ミーティング名も「weekly 1:1」から「Think Innovation! Meeting」に変更して、お酒を飲みながら一緒に新しいアイデアをブレーンストーミングしていました。

三人とも性格はまったく違います。趣味も違うし、それぞれ意見も違いました。でも、お互いを尊重して、尊敬もしています。彼らがつくり出す空気こそ、まさに心理的安全性（Psychological Safety）のお手本です。誰かが何か問題を解決しようとするときは、すぐに集まって、たった一五分でも討論してお互い助け合いました。その一方、みんながT型社員で話題が豊富なので、ランチのときには遊び心全開で笑い話をして、暇なときには必ずお互いにイタズラもします。

そんな彼らとはいまだに友人です。会って相談し合ったり、ヘンな議論もします。かっこちゃんはシリコンバレーで働きながら、僕のベンチャー「モティファイ」をサポートしてくれています。あちらで趣味の音楽やダンスを通じて知り合ったエンジニアのマックスにも紹介してくれました。マイケルもビジネスモデルのアドバイスをしてくれています。

リーダーシップを発揮するのに、年齢、肩書、性別、国籍、どれも関係ありません。誰かのために、何かのために、いますぐ手を挙げてワクワク動き出せる人こそが、本当のリーダーなのだと思います。

ピョートル・フェリークス・グジバチ

二〇一六年七月

【著者紹介】
ピョートル・フェリークス・グジバチ
(Piotr Feliks Grzywacz)

ポーランド生まれ。ドイツ、オランダ、アメリカで暮らした後、2000年に来日。2002年よりベルリッツにてグローバルビジネスソリューション部門アジアパシフィック責任者を経て、2006年よりモルガン・スタンレーにてラーニング&ディベロップメントヴァイスプレジデント、2011年よりグーグルにて、アジアパシフィックでのピープルディベロップメント、さらに2014年からは、グローバルでのラーニング・ストラテジーに携わり、人材育成と組織開発、リーダーシップ開発などの分野で活躍。

現在は独立して2社を経営。1社目プロノイアでは、国内外さまざまな企業の戦略、イノベーション、管理職育成、組織開発のコンサルティングを行なう。2社目モティファイは新しい働き方といい会社づくりを支援する人事ソフトベンチャー。国内外の多国籍なメンバーやパートナーとともにグローバルなサービスを展開している。本書が初の書籍刊行となる。

【プロノイア】www.pronoiagroup.com
【モティファイ】www.motify.work

0秒リーダーシップ

2016年7月27日　第1刷発行

著　者――ピョートル・フェリークス・グジバチ
発行者――徳留慶太郎
発行所――株式会社すばる舎
東京都豊島区東池袋3-9-7 東池袋織本ビル　〒170-0013
TEL03-3981-8651(代表)　03-3981-0767(営業部)
振替　00140-7-116563
http://www.subarusya.jp/
印　刷――図書印刷株式会社

落丁・乱丁本はお取り替えいたします

ISBN978-4-7991-0494-1